~ FAIT MAISON ~

d'ailleurs

ASIE

Les meilleures recettes

hachette
CUISINE

Stéphan Lagorce

- FAIT MAISON -

ASIE

Photographies : Françoise Nicol
Stylisme : Chae Rin Vincent

hachette
CUISINE

RIZ PARFUMÉ DE THAÏLANDE
sushi rice
Riz Gluant
Tung Chun
CRYSTALLIZED
Ginger
NET WT. 6 OZ. (170 g)

- FAIT MAISON -

SOMMAIRE

- INTRODUCTION -

Dim sum, saté, sukiyaki, nems, hotteok, autant de noms magiques et énigmatiques issus du grand répertoire des cuisines d'Asie… Toutes ces recettes et bien d'autres encore, que les gourmets découvrent, redécouvrent et apprécient au restaurant, sont le plus souvent absentes de la cuisine dite « de tous les jours », celle du « fait-maison », en raison de leur apparente difficulté. En effet, cette cuisine sophistiquée et délicate fait appel à des gestes, des techniques et des ingrédients, très éloignés de ceux couramment employés au quotidien, à la maison.

Pourtant, au-delà de cette distance technique et presque sémantique, existent 1 000 trésors d'une gourmandise raffinée qui ne demandent qu'à être découverts. C'est tout le projet de ce titre *Fait maison Asie*. Vous y trouverez tout d'abord la liste des principaux ingrédients nécessaires voire indispensables. Puis celle du matériel, assez spécifique lui aussi. Ensuite, en 8 doubles-pages, les principaux gestes techniques propres au style asiatique sont donnés et clairement expliqués grâce aux photos et aux textes, allant toujours à l'essentiel.

Plus loin dans l'ouvrage, découvrez les principales recettes des pays asiatiques suivants : Chine, Japon, Thaïlande, Viêt-nam, Cambodge, Indonésie, Corée et Cambodge. À de nombreuses occasions, ces recettes feront appel à des techniques intimidantes à la première lecture, mais finalement très abordables car bien détaillées dans les pages précédentes. Apprenez ainsi à réussir les *dim sum* chinois, les *gyoza* japonais, la sauce aigre-douce chinoise, le bœuf au coco thaïlandais, le *pho* vietnamien, le *nasi goreng* indonésien, les *japchae* coréennes et le *loc lac* cambodgien.

Il y a 2 600 ans, le sage Lao-Tseu écrivait : « Quand on doit gouverner un royaume, il faut la délicatesse de celui qui fait frire des petits poissons… » On voit par là qu'en Asie les recettes sont bien plus que de la cuisine… Prenez donc le temps de redécouvrir cet univers en faisant place au « Fait maison ».

- CE QU'IL VOUS FAUT -

INGRÉDIENTS DE BASE

CHINE
- Anis étoilé
- Champignons noirs
- Champignons parfumés
- Châtaignes d'eau
- Farine de riz
- Haricots fermentés en pot
- Huile de sésame
- Mélange cinq-épices
- Nouilles
- Nouilles chinoises
- Pâte de piment
- Piments secs
- Poivre du Sichuan
- Pousses de bambou
- Riz parfumé
- Sauce aigre-douce
- Sauce hoisin
- Sauce d'huîtres
- Sauce soja
- Tofu
- Vermicelles de riz et de soja
- Vinaigre noir

JAPON – CORÉE
- Katsuoboshi (copeaux de bonite)
- Kim chi (chou fermenté pimenté)
- Kombu (algue)
- Mirin (alcool doux)
- Miso
- Nori (algue)
- Ramen
- Riz japonais
- Saké
- Sauce sukiyaki
- Sauce teriyaki
- Shichimi (mélange d'épices)
- Vinaigre de riz
- Wasabi

THAÏLANDE – VIÊT-NAM – INDONÉSIE – CAMBODGE
- Cacahuètes
- Cannelle
- Cardamome
- Champignons de paille
- Citronnelle
- Crevettes séchées

- Curcuma
- Curry
- Girofle
- Graines de coriandre
- Graines de cumin
- Lait de coco
- Laurier
- Muscade
- Nuoc-mâm
- Pâte de curry rouge
- Pâte de curry vert
- Pâte de kroeung
- Pâte de tamarin
- Pâte de terasi (pâte de crevettes pour cuisiner)
- Pâtes de riz
- Poivre de Kampot
- Riz gluant
- Riz parfumé
- Sambal oelek
- Saté
- Sucre de palme
- Thym

MATÉRIEL

- Cocotte
- Couteaux affûtés pour le travail du poisson
- Cuiseur à riz
- Cuit-vapeur
- Écumoire
- Friteuse
- Marmite
- Mélangeur électrique
- Paniers en bambou pour raviolis et riz gluant
- Pince pour ôter les arêtes des filets de poisson
- Poêle
- Poêlon pour fondue
- Réchaud
- Rouleau à pâtisserie
- Rouleau pour maki
- Tamis
- Wok

- FAIT MAISON -

RECETTES DE BASE

PRÉPARER LA PÂTE POUR GYOZA ET RAVIOLIS CHINOIS

Matériel
Film alimentaire

1 **Préparer les ingrédients.** Pesez séparément 300 g de farine et 160 g (16 cl) d'eau. Placez ces ingrédients dans le réfrigérateur pendant 1 ou 2 h.

2 **Faire la fontaine.** Placez la farine sur le plan de travail, un marbre idéalement. Avec la main, formez une fontaine.

3 **Ajouter de l'eau**. Versez l'eau bien froide au milieu de la fontaine.

4 Mélanger les ingrédients. Avec la main, du bout des doigts, mélangez l'eau à la farine en tournant, de l'intérieur vers l'extérieur, jusqu'à former une pâte.

5 Pétrissage de la pâte. Avec la paume de la main, pétrissez la pâte quelques minutes en la poussant et en l'écrasant devant vous.

6 Mise en boule et repos. Formez une boule, farinez-la un peu, enveloppez-la dans du film alimentaire, laissez-la reposer au frais pendant 1 h jusqu'à utilisation.

PRÉPARER LA PÂTE POUR DIM SUM

Matériel
Mélangeur électrique • Tamis • Film alimentaire

1 **Préparer les ingrédients.** Pesez 225 g d'amidon de blé (*wheat starch*) et 240 g (24 cl) d'eau à part. Avec un tamis ou une passoire assez fine, tamisez la farine afin d'en ôter les éventuels grumeaux.

2 **Ajouter de l'eau chaude.** Placez 200 g de farine dans le bol d'un mélangeur électrique. Versez par-dessus l'eau frémissante, pratiquement bouillante.

3 **Mélanger la pâte.** Pétrissez, mélangez la pâte pendant 5 min dans le mélangeur électrique.

4 **Ajouter de la farine.** Au bout de 5 min, ajoutez les 25 g d'amidon de blé restants et 6 cuil. à soupe d'eau froide.

5 **Second pétrissage.** Poursuivez le mélange, à vitesse moyenne, pendant 3 ou 4 min.

6 **Mise en boule et repos.** Videz la pâte sur le plan de travail. Roulez-la en boule. Huilez-la très légèrement, puis protégez-la avec du film alimentaire. Placez-la dans le réfrigérateur jusqu'à utilisation. Utilisez-la dans les 3 ou 4 h suivant la préparation.

FORMER LES GYOZA ET RAVIOLIS CHINOIS

Matériel
Rouleau à pâtisserie • Pinceau alimentaire

1 **Travailler la pâte.** Travaillez sommairement la pâte pour l'attendrir légèrement.

2 **Diviser la pâte.** Fractionnez la pâte en 2 parts à l'aide d'un couteau.

3 **Former des boudins.** Farinez légèrement le plan de travail. Avec vos mains, façonnez une des moitiés de pâte de façon à obtenir un rouleau d'environ 55 cm de long et de 1 à 1,5 cm de diamètre.

4 **Trancher les boudins de pâte.** Avec un couteau, tranchez les boudins, l'un après l'autre, en 20 sections de 2,5 cm environ.

5 Étaler la pâte. Avec un rouleau à pâtisserie, étalez les sections de pâte en petits cercles d'environ 7 à 8 cm de diamètre.

6 Garnir la pâte avec la farce. Avec des baguettes ou une cuillère, déposez une noix de farce au milieu des cercles de pâte.

7 Humecter la pâte. Avec un petit pinceau, humectez le bord des cercles de pâte (une moitié seulement), sans toucher la farce.

8 Sceller soigneusement les gyoza ou les raviolis. Rabattez la pâte, scellez les gyoza ou les raviolis en appuyant bien sur les 2 bords de pâte pour y enfermer la farce. Plissez les bords de pâte, toujours en appuyant. Mettez de côté, au frais, sur un plat fariné.

FORMER LES DIM SUM

Matériel
Rouleau à pâtisserie • Pinceau alimentaire

1 **Diviser la pâte.** Sortez la pâte du réfrigérateur 30 min avant de commencer à préparer les dim sum. **Former des boudins.** Fractionnez la pâte en 2 parts à l'aide d'un couteau. Farinez légèrement le plan de travail avec l'amidon de blé. Avec vos mains, façonnez une des moitiés de pâte afin d'obtenir un rouleau d'environ 55 cm de long et de 1 à 1,5 cm de diamètre.

2 **Trancher les boudins de pâte.** À l'aide d'un couteau, ou d'une paire de ciseaux, débitez les boudins de pâte en 18 à 20 tronçons de 1,5 cm de long.

3 **Étaler la pâte.** À l'aide d'un rouleau, étalez délicatement les sections de pâte bien farinées afin d'obtenir des cercles d'environ 7,5 cm de diamètre, et ce sans déchirer ni trouer la pâte.

4 **Garnir la pâte avec la farce.** Avec des baguettes ou une cuillère, déposez une belle noix de farce au milieu des cercles de pâte.

5 **Humecter la pâte.** Avec un petit pinceau, humectez le bord des cercles de pâte (une moitié seulement), sans toucher la farce.

6 **Refermer hermétiquement les dim sum**. Rabattez la pâte, scellez les dim sum en appuyant bien sur les 2 bords de pâte. Plissez les bords de pâte, toujours en appuyant. Mettez de côté, au frais, sur un plat fariné.

PRÉPARER LE RIZ JAPONAIS POUR SUSHI ET MAKI

Matériel
Passoire fine • Cuiseur à riz

1 **Laver le riz.** Placez 250 g de riz japonais dans une passoire à mailles fines et rincez-le à l'eau froide en le remuant constamment avec le bout des doigts. Cette opération très importante permet d'éliminer l'excès d'amidon qui risque de rendre le riz pâteux.

2 **Assembler le riz et l'eau.** Placez le riz ensuite dans une casserole à fond épais ou, mieux, dans un cuiseur électrique spécialement adapté avec 300 g (30 cl) d'eau froide.

3 **Faire cuire le riz.** En remuant constamment, portez le tout à ébullition sur feu vif, puis réduisez aussitôt l'intensité du feu à son minimum. Cessez de mélanger, couvrez et laissez cuire pendant environ 30 min.

4 **Faire refroidir le riz.** Lorsque le riz est cuit, stoppez la cuisson, sortez-le du cuiseur et étalez-le sur un plat afin de le faire refroidir.

Couvrir le riz. Recouvrez le riz en train de refroidir d'un linge propre et humide.

5 **Préparer le mélange au vinaigre.** Dans un petit bol, mélangez 5 cuil. à soupe de vinaigre de riz, 2 cuil. à soupe de sucre et 3 pincées de sel. Vérifiez la bonne dissolution du sucre.

6 **Mélanger le riz avec le vinaigre.** Incorporez ce mélange dans le riz cuit et froid en travaillant délicatement avec les doigts, sans écraser les grains de riz.

Faire reposer le riz. Recouvrez le riz au vinaigre d'un linge humide, placez-le dans le réfrigérateur et laissez-le reposer pendant 1 h avant de l'utiliser. Ce riz peut se conserver jusqu'à 24 h au réfrigérateur.

ROULER LES NEMS ET ROULEAUX DE PRINTEMPS

Matériel
Friteuse

1 **Faire tremper les feuilles de riz.** Immergez les feuilles de riz, l'une après l'autre, au fur et à mesure des besoins, dans de l'eau chaude pendant quelques secondes.

2 **Égoutter et éponger les feuilles de riz.** Sortez la feuille de riz de l'eau chaude, déposez-la sur un torchon propre.

3 **Déposer la garniture sur la feuille de riz.** Déposez environ 2 cuil. à soupe de garniture sur le tiers inférieur de la feuille de riz.

4 **Rouler le nem.** Roulez la garniture dans la feuille, en serrant un peu, en faisant attention de ne pas la déchirer.

5 **Rabattre les bords.** Rabattez les bords, puis finissez de rouler le nem afin de le rendre bien hermétique pour que l'huile de cuisson ne le pénètre pas.

6 **Cuisson à la poêle.** Versez un trait d'huile au fond d'une grande poêle, faites chauffer à feu moyen puis couchez les nems dans l'huile. Comptez de 12 à 15 min de cuisson en retournant les nems plusieurs fois.

CONSEIL

Cuisson avec une friteuse. Plongez directement les nems (7 ou 8) dans le bain de la friteuse préchauffée à 170 °C. Comptez 5 ou 6 min de cuisson, puis égouttez et épongez les nems.

CUISSON DU RIZ GLUANT

Matériel
Passoire • Cuit-vapeur • Papier sulfurisé • Paniers en bambou

1 **Faire tremper le riz.** Dans un saladier, versez 400 g de riz gluant, recouvrez-le de 3 ou 4 cm d'eau froide. Laissez-le tremper pendant 2 h.

2 **Égoutter le riz.** Égouttez le riz gluant dans une passoire.

3 **Préparer le cuiseur.** Faites chauffer le cuit-vapeur. Déposez des cercles de papier sulfurisé au fond des paniers de cuisson en bambou.

4 Déposer le riz dans les paniers en bambou. Répartissez le riz gluant trempé et égoutté dans les paniers en bambou jusqu'au trois quarts de leur hauteur.

5 Protéger le riz et lancer la cuisson. Recouvrez le riz d'un cercle de papier sulfurisé ou d'un petit linge propre et humide. Refermez les paniers en bambou. Placez-les dans le cuit-vapeur, fermez-le et comptez de 35 à 40 min de cuisson.

6 Servir le riz. Servez le riz gluant directement dans les paniers en bambou après avoir ôté les cercles de papier sulfurisé posés dessus.

FAÇONNER DES SUSHIS

1 **Détailler le filet de poisson.** Éliminez les éventuelles arêtes des filets de poisson. Avec un couteau extrêmement bien coupant, détaillez les filets de poisson en rectangles d'environ 6 x 2,5 cm et d'une épaisseur proche de 0,8 cm. Réservez au froid.

2 **Préparer le wasabi.** Dans un petit bol, mélangez la poudre de wasabi avec de l'eau froide afin d'obtenir une pâte verte assez ferme. Passez vos mains sous l'eau froide, puis secouez-les afin de les sécher un peu.

3 **Prélever du riz au vinaigre.** Avec le bout des doigts humides, prélevez approximativement l'équivalent de 1 cuil. à soupe de riz au vinaigre froid.

4 Former un dôme de riz. Placez le riz dans la paume de votre main, creusez-la puis, avec vos doigts, pressez le riz pour lui donner la forme d'un dôme un peu allongé, proche des dimensions des tranches de poisson.

5 Ajouter le wasabi. Déposez un peu de wasabi sur la partie convexe du dôme de riz.

6 Ajouter le poisson et former le sushi. Déposez la tranche de poisson sur le wasabi, pressez le sushi ainsi formé dans la paume de votre main afin que le poisson ne se décolle pas du riz. Servez aussitôt.

- FAIT MAISON -

CHINE

DIFFICILE

Pour env. **6** personnes
1 h **30** de préparation
5 min de cuisson
Coût €€

RAVIOLIS CHINOIS

Pour la pâte
300 g de farine • 175 g (17,5 cl) d'eau

Pour la farce
400 g de porc frais haché (poitrine, épaule) • ¼ de chou chinois • 4 oignons nouveaux, cuits à la poêle avec un peu d'huile • 10 tiges de ciboule • 1 morceau de gingembre frais • 1 œuf • Sauce soja • Sel, poivre

Pour la sauce
1 morceau de gingembre frais • 7 ou 8 tiges de ciboule • 2 cuil. à soupe de coriandre fraîche hachée • 3 pincées de sucre • 25 cl de sauce soja • 10 cl de vinaigre noir chinois • 1 cuil. à soupe d'huile de sésame

Matériel
Rouleau à pâtisserie

1. Préparez la pâte des raviolis en suivant la recette de la page 12.

2. Préparez la farce. Épluchez, hachez le gingembre et les oignons. Hachez aussi la ciboule et le chou chinois. Dans un saladier, mélangez le porc haché avec de la sauce soja (environ 8 cuil. à soupe), du poivre, du sel, l'œuf ainsi que le gingembre, la ciboule, les oignons et le chou hachés, afin d'obtenir une farce assez homogène.

3. Préparez la sauce. Épluchez, hachez le gingembre et la ciboule. Dans un bol, mélangez ces aromates aux autres composants de la recette. Formez les raviolis comme indiqué page 16.

4. Faites bouillir un grand volume d'eau. Plongez délicatement les raviolis (tout ou partie) dans le liquide brûlant. Remuez très délicatement. Quand l'ébullition reprend, comptez 2 min (à petite ébullition). Égouttez avec une écumoire et présentez les raviolis, tels quels, dans un plat. Servez-le au milieu de la table. Répartissez la sauce dans des petits bols individuels et dégustez les raviolis bien chauds, après les avoir trempés dans la sauce.

CONSEILS
Quand la farce est terminée, faites-en cuire un peu à la poêle et goûtez : si nécessaire, corrigez l'assaisonnement en ajoutant sauce soja, sel, poivre, gingembre et même un peu de piment ou d'ail, à votre convenance.

VARIANTE
Le porc peut être remplacé par de la viande d'agneau.

DIFFICILE

Pour env. **6** personnes
1 h **30** de préparation
12 à **15** min de cuisson
Coût €€€

DIM SUM

Pour la pâte
*225 g d'amidon de blé (*wheat starch*) • 225 g (22,5 cl) d'eau • Quelques gouttes d'huile végétale*

Pour la farce
1 morceau de gingembre frais • 1 oignon nouveau avec sa fane • 5 tiges de ciboule • 5 champignons chinois réhydratés • 110 g de pousses de bambou • 350 g de queues de crevettes crues, décortiquées et finement hachées • 1 blanc d'œuf • Sel, poivre

Pour la sauce
Sauce pimentée chinoise

Matériel
Mélangeur électrique • Paniers en bambou • Cuit-vapeur • Papier sulfurisé

1. Préparez la pâte des dim sum en suivant la recette de la page 14.

2. Préparez la farce. Épluchez, hachez le gingembre et l'oignon. Hachez aussi la ciboule, les champignons et les pousses de bambou. Dans un saladier, mélangez les crevettes avec du poivre, du sel, le blanc d'œuf ainsi que le gingembre, la ciboule, l'oignon, les champignons et les pousses de bambou hachés, afin d'obtenir une farce assez homogène.

3. Formez les dim sum comme indiqué page 18.

4. Déposez au fond des paniers en bambou des cercles de papier sulfurisé, huilez-les légèrement et répartissez les dim sum dessus. Fermez les paniers, placez-les dans le cuit-vapeur et faites-les cuire de 12 à 15 min, selon les appareils. Répartissez la sauce pimentée dans des petits bols individuels et servez les dim sum dans leur panier de cuisson.

CONSEIL
Évitez de trop faire cuire les dim sum : leur pâte est fragile et sensible à un excès de cuisson.

VARIANTES
Remplacez les crevettes par des saint-jacques, du poisson, du porc…

DIFFICILE

Pour env. **6** personnes
1 h **30** de préparation
2 h **05** de cuisson
Coût €€€

SOUPE AUX RAVIOLIS DE CREVETTES

Pour le bouillon de volaille
1,5 kg d'ailes de poulet ou de dinde • 2 oignons • 1 poireau • 2 gousses d'ail • 2 tiges de citronnelle • 4 champignons chinois • 1 morceau de gingembre frais • 1 étoile d'anis (badiane) • Poivre en grains

Pour la pâte
1 sachet de carrés de pâte pour raviolis (magasins asiatiques, au rayon frais)

Pour la farce
Voir la recette des dim sum p. 32

Pour la finition
Huile de sésame • Quelques tiges de ciboule

Matériel
Marmite • Pinceau alimentaire

1. Préparez le bouillon. Dans une marmite, assemblez les ailes de poulet et 4 litres d'eau environ. Portez à ébullition, écumez. Ajoutez tous les autres ingrédients de la recette, épluchés ou non, tous coupés grossièrement. Faites cuire à petit feu pendant 2 h, avec 7 ou 8 grains de poivre, en dégraissant de temps à autre. Filtrez le bouillon et ne gardez que le bouillon et les champignons. Hachez grossièrement ces derniers.

2. Préparez la farce comme indiqué page 32. Placez de la farce dans un carré de pâte. Humectez les bords (avec un pinceau, par exemple), rapprochez-les et soudez-les hermétiquement.

3. Au moment de passer à table, faites frémir le bouillon, à la limite de l'ébullition. Plongez les raviolis dedans (comptez-en 5 ou 6 par personne), faites-les cuire 4 ou 5 min, pas beaucoup plus. Ajoutez 4 cuil. à soupe d'huile de sésame, les champignons et toute la ciboule hachée. À l'aide d'une louche, répartissez bouillon, raviolis, ciboule et champignons dans des bols individuels et dégustez bien chaud.

CONSEILS
Ici, le bouillon n'est pas salé, mais vous pouvez, bien sûr, le saler à votre convenance. Vous pouvez aussi ajouter, au dernier moment, un soupçon de piment haché, de la coriandre fraîche, de la citronnelle fraîche,...

DIFFICILE

Pour env. **4** personnes
1 h de préparation
15 min de cuisson
Coût €

PORC À L'AIGRE-DOUCE

Pour le porc et les légumes
400 g de porc frais coupé en dés • 200 g de Maïzena • 2 litres d'huile végétale + pour la cuisson • ¼ de blanc de poireau • 2 tomates • 1 poivron rouge • ½ ananas pelé • 4 champignons noirs, réhydratés • Coriandre fraîche • Sel, poivre

Pour la sauce aigre-douce maison
20 cl de vinaigre de riz • 50 g de sucre roux • 4 cuil. à soupe de ketchup • 5 cuil. à soupe de sauce soja • 1 cuil. à soupe de Maïzena

1. Salez et poivrez les dés de porc, puis « panez-les » entièrement dans la Maïzena pour les enrober complètement. Secouez-les un peu dans vos mains pour faire tomber l'excédent, disposez-les dans un plat. Faites chauffer l'huile. Quand elle est bien chaude, plongez les dés de porc dedans. Faites-les frire pendant 3 min environ, puis égouttez-les et posez-les sur du papier absorbant.

2. Par ailleurs, préparez les légumes : hachez le poireau. Coupez les tomates, l'ananas et le poivron en morceaux. Hachez grossièrement les champignons.

3. Préparez la sauce. Dans une casserole, assemblez le vinaigre, le sucre, le ketchup, la sauce soja, 5 cl d'eau et la Maïzena. Mélangez soigneusement le tout avec un fouet. Faites chauffer, portez à ébullition, en mélangeant toujours, retirez du feu et mettez de côté.

4. Dans un wok, faites chauffer 5 cuil. à soupe d'huile végétale. Faites sauter le poireau quelques minutes, puis ajoutez la viande. Mélangez bien. Ajoutez tous les légumes et les champignons noirs, mélangez. Laissez cuire 2 ou 3 min. Versez toute la sauce. Mélangez pour bien enrober la viande et les légumes. Laissez cuire encore 2 ou 3 min en remuant.

5. Versez le porc à l'aigre-douce dans un plat, décorez avec de la coriandre et servez bien chaud avec un riz blanc en accompagnement (voir recette p. 54).

VARIANTES
Ajoutez d'autres légumes : haricots, chou chinois, petits pois, etc., à votre convenance. Réalisez aussi cette recette avec du poisson (de la lotte), des crevettes, des coquilles Saint-Jacques,...

White Rice Vinegar

FACILE

Pour env. **4** personnes
30 min de préparation
15 à **20** min de cuisson
Coût €€€

CREVETTES AU GINGEMBRE ET AUX POIREAUX

24 grandes crevettes crues surgelées • 1 morceau de gingembre frais (de la taille d'une petite mandarine, au moins) • 1 beau blanc de poireau • 3 cuil. à soupe de vin blanc • 4 cuil. à soupe de sauce soja • 5 cuil. à soupe de sucre roux • Coriandre fraîche • Huile végétale • Sel, poivre

Matériel
Grande poêle ou grand wok

1. Laissez décongeler les crevettes. Avec une paire de ciseaux, coupez les nageoires ventrales et l'extrémité piquante des têtes. Épluchez le gingembre puis coupez-le en bâtonnets assez fins, faites la même chose avec le poireau. Si cette opération est trop difficile, hachez grossièrement les 2 aromates.

2. Faites chauffer la poêle ou le wok avec 4 ou 5 cuil. à soupe d'huile. Placez les crevettes dans la poêle ou le wok. Elles ne doivent pas se superposer. Salez et poivrez. Faites-les cuire 5 ou 6 min à feu moyen, puis retournez-les. Salez et poivrez. Laissez cuire encore 5 ou 6 min, puis ajoutez les trois quarts du poireau et du gingembre. Mélangez un peu, laissez cuire 4 ou 5 min. Ajoutez le sucre et passez sur feu très vif en mélangeant.

3. Quand le sucre commence à peine à caraméliser, passez sur feu doux. Ajoutez le reste du poireau et du gingembre, le vin blanc, la sauce soja et la coriandre hachée. Mélangez, servez les crevettes dans un grand plat. Dégustez-les avec les doigts, sans façon. Accompagnez cette recette d'un riz blanc nature (voir recette p. 54).

VARIANTE
Une version plus économique de cette recette consiste à la préparer avec des ailerons ou des pilons de poulet. Les temps de cuisson, bien sûr, doivent être allongés en conséquence.

FACILE

Pour env. **4** personnes
20 min de préparation
5 min de cuisson
Coût €€

BŒUF AUX OIGNONS

400 g de faux-filet de bœuf • 2 gros oignons blancs ou oignons des Cévennes (ou 10 oignons nouveaux) • 4 gousses d'ail • 1 petit morceau de gingembre frais • 6 cuil. à soupe de sauce soja • 4 cuil. à soupe de vin blanc sec • 4 pincées de sucre • 1 cuil. à café de Maïzena • 1 pincée de mélange cinq-épices • 2 cuil. à soupe d'huile de sésame • Huile végétale pour la cuisson • Quelques brins de coriandre • Sel, poivre

Matériel
Poêle ou wok de grande taille

1. Coupez le faux-filet en lanières pas trop fines, si possible. Placez la viande dans un saladier. Salez, poivrez, ajoutez la Maïzena, l'ail et le gingembre finement épluchés et hachés. Mélangez avec les doigts.

2. Épluchez les oignons, coupez-les relativement finement. Dans un bol, mélangez la sauce soja, le vin, le sucre, le mélange cinq-épices et l'huile de sésame.

3. Faites chauffer le wok à feu très vif, ajoutez 4 ou 5 cuil. à soupe d'huile. Commencez par faire cuire la viande pendant 2 à 3 min en remuant souvent.

4. Ajoutez les oignons, laissez cuire encore 3 ou 4 min en remuant. Versez la sauce au soja, en remuant vivement, retirez du feu. Présentez le plat dans une grande assiette, parsemez de coriandre et servez sans attendre.

VARIANTE
Cette recette issue du nord de la Chine peut aussi se préparer avec de l'agneau.

TRÈS FACILE

Pour **6** à **8** personnes
10 min de préparation
20 à **25** min de cuisson
Coût €€€

POISSON À LA VAPEUR, GINGEMBRE ET CIBOULE

1 bar de 2 kg, écaillé et vidé (à défaut, perche, sandre, daurade ou carpe chinoise) • 2 jeunes poireaux • 10 brins de ciboule chinoise • 1 morceau de gingembre frais (une grosse noix, environ) • 10 cl de sauce soja • 5 cl d'huile végétale

Matériel
Cuit-vapeur • Plat de service pouvant tenir dans le cuit-vapeur

1. Rincez et épongez le poisson. Ce plat n'attend pas : préparez-le quand vos convives sont prêts à passer à table.

2. Placez le poisson sur le plat de service. Déposez-le dans le cuit-vapeur. Fermez-le, lancez la cuisson et comptez de 20 à 25 min, selon le poisson.

3. Pendant ce temps, lavez les poireaux, éliminez le vert. Coupez les blancs en bâtonnets, comme le gingembre préalablement épluché. Hachez la ciboule.

4. Quand le poisson est prêt, sortez le plat de cuisson du cuit-vapeur, videz l'eau qui s'y est éventuellement accumulée. Déposez le gingembre, le poireau et la ciboule sur le poisson. Arrosez-les de sauce soja. Dans une casserole, faites chauffer l'huile. Quand elle est brûlante, versez-la sur les aromates qui vont subir ainsi une très courte cuisson. Servez aussitôt.

CONSEIL
Ne découpez pas ce poisson : la tradition commande qu'il soit dégusté à la baguette par tous les convives en même temps. Les connaisseurs ne laissent pas passer les « joues », petites bouchées fondantes et exquises.

FACILE

Pour env. **4** personnes
30 min de préparation
10 min de cuisson
Coût €€€

NOIX DE SAINT-JACQUES SAUTÉES

20 noix de coquilles Saint-Jacques • 1 petit morceau de blanc de poireau • 1 petit morceau de gingembre frais • 150 g de pousses de bambou • 4 champignons noirs, réhydratés • Quelques pois gourmands équeutés • ½ piment lampion rouge • 10 cl de bouillon de volaille (voir Soupe aux raviolis de crevettes p. 34) • 1 cuil. à café de Maïzena • 1 ou 2 ciboules • Huile végétale • Sel, poivre

Matériel
Grande poêle ou wok

1. Épluchez puis coupez finement le poireau et le gingembre. Détaillez les pousses de bambou à votre guise. Coupez grossièrement les champignons. Ébouillantez un instant les pois gourmands. Épépinez le piment et hachez-le.

2. Dans un bol, mélangez le bouillon avec le poireau, le gingembre, le piment, du sel, du poivre et la Maïzena, mettez de côté.

3. Dans le wok, faites sauter les noix de saint-jacques à feu très vif, avec un peu d'huile, pendant 1 ou 2 min. Ajoutez les pois gourmands, les pousses de bambou, les champignons, du sel et du poivre. Remuez, puis laissez cuire encore 1 ou 2 min à feu très vif.

4. Versez le bouillon dans le wok, mélangez vivement ; dès que la sauce commence à bouillir, retirez le wok du feu. Présentez les noix et leur sauce dans un plat creux, décorez avec la ciboule et servez sans attendre.

CONSEIL
Accompagnez ces noix de saint-jacques de nouilles chinoises cuites à l'eau et sautées quelques minutes avec un peu d'huile, de sel et de poivre.

TRÈS FACILE

Pour **4 à 6** personnes
25 min de préparation
15 min de cuisson
Coût €

NOUILLES SAUTÉES

1 sachet de nouilles chinoises, fraîches de préférence • 1 carotte • 1 oignon blanc • Quelques pois gourmands équeutés (si possible) • 100 g de pousses de bambou • 1 petit morceau de blanc de poireau • 1 petit morceau de gingembre frais • 4 gousses d'ail • 4 champignons noirs, réhydratés • 10 cuil. à soupe de sauce soja • 4 cuil. à soupe de sauce aigre-douce (du commerce ou voir recette p. 36) • Quelques brins de coriandre • Huile pour la cuisson • Sel, poivre

Matériel
Grande poêle ou wok

1. Épluchez la carotte et l'oignon. Coupez-les en fins bâtonnets. Ébouillantez un instant les pois gourmands, coupez-les comme la carotte. Détaillez les pousses de bambou pareillement. Épluchez, puis hachez le poireau, le gingembre et l'ail.

2. Faites bouillir une casserole d'eau, plongez-y les nouilles. Comptez 2 ou 3 min de cuisson, puis égouttez les nouilles, en gardant une petite tasse de leur eau de cuisson.

3. Faites chauffer le wok à feu vif avec un bon trait d'huile. Quand elle est bien chaude, ajoutez le gingembre, le poireau, la carotte, l'oignon, les pousses de bambou, les pois gourmands et les champignons noirs hachés. Salez, poivrez et faites sauter pendant 4 ou 5 min. Ajoutez les nouilles, mélangez et faites sauter 2 ou 3 min de plus.

4. Pendant ce temps, mélangez la sauce soja avec l'ail haché et la sauce aigre-douce. Versez cette préparation sur les pâtes, ajoutez un peu d'eau de cuisson des pâtes, mélangez, laissez cuire 2 ou 3 min supplémentaires. Décorez de quelques brins de coriandre, servez aussitôt.

FACILE

Pour env. **4** personnes
20 min de préparation
4 min de cuisson
Coût €€€

BEIGNETS DE CREVETTES

24 queues de crevettes crues, décortiquées (sauf l'extrémité, pour la présentation) • 1 œuf • 125 g de farine • 1 sachet de levure chimique • 2 litres d'huile pour la cuisson • Sel, poivre

Matériel
Thermomètre, si possible • Friteuse ou grande casserole • Écumoire • Papier absorbant

1. Salez et poivrez les crevettes crues. Dans un bol, mélangez au fouet l'œuf, la farine, la levure et 50 g d'eau. Quand la pâte est bien lisse et sans grumeaux, elle est prête.

2. Versez l'huile dans une casserole. Faites chauffer. Quand elle atteint 150-160 °C (vérifiez avec un thermomètre si vous en avez un), elle est à la bonne température.

3. Trempez, l'une après l'autre, les queues de crevettes dans la pâte (sauf l'extrémité), laissez brièvement s'écouler l'excédent de pâte, puis plongez-les dans la friture. Comptez environ 3 ou 4 min de cuisson. Sortez-les avec une écumoire, épongez les beignets sur du papier absorbant. Servez-les très chauds avec des petites soucoupes de sauce soja et de sauce au piment.

CONSEILS
Évitez de trop faire cuire ces beignets afin que les queues de crevettes restent bien tendres. Ne faites pas cuire trop de crevettes à la fois : elles risqueraient de se coller les unes aux autres dans la friture.

TRÈS FACILE

Pour **4** à **6** personnes
30 min de préparation
10 min de cuisson
Coût €

LÉGUMES CHOP SUEY

1 carotte • 1 oignon blanc • 100 g de pois gourmands (si possible) • 1 poivron • 100 g de pousses de bambou • 100 g de mini-maïs • 4 champignons noirs, réhydratés • Quelques fleurs de brocolis • 1 poignée de germes de soja • 1 petit blanc de poireau • 1 morceau de gingembre frais • 4 gousses d'ail • 10 cuil. à soupe de sauce soja • 4 cuil. à soupe de sauce aigre-douce (du commerce ou voir recette p. 36) • Huile végétale • Quelques brins de coriandre • Sel, poivre

Matériel
Grande poêle ou wok

1. Épluchez la carotte et l'oignon. Équeutez les pois gourmands. Épépinez le poivron. Coupez ces légumes en tranches, fines pour la carotte, plus épaisses pour le reste. Coupez également en tranches ou en lanières les pousses de bambou, les champignons noirs et les brocolis. Laissez les mini-maïs tels quels.

2. Épluchez puis hachez finement le poireau et le gingembre frais. Coupez l'ail en fines tranches.

3. Faites chauffer le wok à feu vif puis versez un bon trait d'huile végétale. Quand celle-ci est brûlante, ajoutez le poireau et le gingembre. Faites-les cuire 1 ou 2 min puis ajoutez tous les légumes. Salez et poivrez. Faites sauter le tout à feu vif pendant environ 5 min, plus ou moins selon la taille du wok et l'intensité du feu.

4. Quand les légumes sont cuits mais toujours un peu croquants, ajoutez l'ail, la sauce soja, la sauce aigre-douce. Mélangez, laissez cuire 1 ou 2 min. Retirez du feu. Servez les légumes dans un grand plat, décorés de quelques brins de coriandre.

VARIANTES
Faites varier cette recette en changeant les légumes, en ajoutant des vermicelles, en ajoutant du piment, en remplaçant la sauce soja par du bouillon de volaille (voir p. 34).

FACILE

Pour env. **4** personnes
25 min de préparation
12 min de cuisson
Coût €

TOFU SAUTÉ

300 g de tofu • 150 g de porc frais haché • ½ blanc de poireau • 1 noix de gingembre frais • 4 gousses d'ail • 5 champignons parfumés, réhydratés • ½ piment lampion, épépiné • 5 cl de sauce soja • 5 cl de bouillon de volaille (voir p. 34) • 5 cl à soupe de sauce aigre-douce (du commerce ou voir recette p. 36) • 1 cuil. à soupe rase de Maïzena • Huile végétale • Quelques brins de coriandre • Sel, poivre

Matériel
Grande poêle ou wok

1. Hachez finement le poireau, le gingembre, l'ail, les champignons et le piment. Coupez le tofu en dés d'approximativement 1,5 cm de côté.

2. Faites chauffer le wok à feu moyen avec un bon trait d'huile végétale. Ajoutez la viande, salez, poivrez et faites cuire de 2 à 3 min en remuant. Ajoutez le poireau, le gingembre et les champignons, puis laissez cuire environ 3 min.

3. Ajoutez le tofu, l'ail, le piment, la sauce soja, le bouillon et la sauce aigre-douce. Mélangez délicatement, portez à ébullition, couvrez puis laissez mijoter à feu doux pendant 5 min.

4. Pendant ce temps, délayez la Maïzena dans une soucoupe avec un peu d'eau froide. En mélangeant délicatement, versez ce « lait d'amidon » dans la sauce portée à faible ébullition afin de l'épaissir légèrement. Ajoutez plus ou moins de lait d'amidon afin d'obtenir la bonne consistance : celle d'une sauce à peine épaissie. Ajoutez la coriandre et servez aussitôt.

CONSEIL
Si vous utilisez du tofu dit « soyeux », soyez attentif à mélanger la recette très délicatement, sinon le tofu se délitera complètement.

白頭偕老

TRÈS FACILE

Pour env. **6** personnes
20 min de préparation
25 min de cuisson
Coût €

RIZ BLANC À LA CHINOISE ET RIZ CANTONAIS

Pour le riz blanc à la chinoise
250 g de riz blanc

Pour le riz cantonais
1 recette de riz blanc • 2 tranches de jambon • 2 œufs • 1 petit blanc de poireau • 1 morceau de gingembre frais • 1 poignée de petits pois • 1 poignée de maïs en boîte, égoutté • Huile végétale • Huile de sésame • Sel, poivre

Matériel
Cuiseur à riz • Wok ou poêle pour le riz cantonais

1. Préparez le riz blanc. Réunissez dans le bol du cuiseur à riz 30 cl d'eau et le riz préalablement rincé à l'eau froide. Couvrez, enclenchez le cycle de cuisson.

2. Préparez le riz cantonais. Cassez les œufs dans un bol, salez, poivrez, battez-les avec une fourchette. Faites-les cuire dans une poêle très chaude, avec un peu d'huile végétale, en remuant constamment avec une fourchette. Transférez les œufs cuits sur une assiette, émiettez-les sommairement. Épluchez et hachez finement le poireau et le gingembre.

3. Faites chauffer le wok à feu moyen avec un bon trait d'huile végétale. Ajoutez le poireau et le gingembre, faites cuire 2 min en remuant. Ajoutez les petits pois, le maïs, laissez cuire 2 ou 3 min puis incorporez le riz cuit et chaud. Mélangez, ajoutez les œufs et le jambon coupé en petits dés. Salez et poivrez, mélangez délicatement. Hors du feu, ajoutez 1 cuil. à soupe d'huile de sésame, mélangez et servez aussitôt.

CONSEILS
Pour le riz nature, choisissez un riz parfumé. Pour le riz cantonais, vous pouvez prendre un simple riz rond.

- FAIT MAISON -

JAPON

FACILE

Pour **4** à **6** personnes
30 min de préparation
30 + 15 min de cuisson
Coût €€€

SOUPE AUX COQUILLAGES

Pour le bouillon dashi
3 morceaux de kombu (algue) • 50 g de katsuoboshi (copeaux de bonite) • 1 cuil. à soupe de miso blanc

Pour la garniture
300 g de palourdes • 300 g de coques • 120 g de pleurotes grises ou blanches • 1 petite botte de ciboulette • 1 pincée de poudre de sansho (« poivre » japonais) • Sel

1. Préparez le bouillon nature avec le kombu et le katsuoboshi : assemblez ces ingrédients dans 1 litre d'eau, faites frémir, retirez du feu, couvrez et laissez infuser pendant 30 min. Filtrez puis ajoutez le miso blanc en fouettant.

2. Lavez à grande eau les palourdes et les coques pour éliminer le sable. Placez les coquillages dans une casserole avec 5 cl d'eau froide. Couvrez et faites cuire à feu doux, en remuant fréquemment, pendant 8 min environ. Lorsque tous les coquillages sont ouverts, égouttez-les en recueillant le jus de cuisson ; ajoutez-le au bouillon dashi.

3. Répartissez les palourdes et les coques dans des bols individuels avec les pleurotes que vous aurez préalablement fait cuire dans 25 cl d'eau salée pendant environ 8 min. Parsemez le tout de ciboulette émincée et de sansho (pas trop pour ce dernier). Mélangez bien le bouillon et versez-le frémissant sur les coquillages et les champignons. Servez sans attendre.

CONSEIL
Veillez à ne pas trop faire cuire les fruits de mer qui deviennent rapidement caoutchouteux.

VARIANTES
Le cas échéant, vous pouvez remplacer les palourdes par des vernis ou des amandes.

Premium White Miso Paste
山椒

FACILE

Pour **4** à **6** personnes
25 min de préparation
1 h **10** de cuisson
Coût €

BOUILLON DE POULET AUX SHIITAKÉS

Pour le bouillon
800 g d'ailerons de poulet • 1 blanc de poireau • 1 oignon • 1 cuil. à café de gingembre frais • Gros sel, sel fin, poivre en grains

Pour la garniture
1 filet de poulet, sans peau • 8 shiitakés frais moyens • 4 oignons nouveaux avec leur tige verte • 4 pincées de shichimi (mélange d'épices japonais) • Huile de sésame

Matériel
Passoire fine

1. Placez les ailerons de poulet dans une casserole. Couvrez avec 2 litres d'eau froide et portez à ébullition sur feu moyen. Réduisez le feu pour obtenir une cuisson régulière et lente. À l'aide d'une petite louche, écumez de temps à autre et éliminez la graisse qui surnage. Laissez cuire ainsi, à découvert, pendant 10 min puis ajoutez le blanc de poireau lavé, l'oignon épluché, les queues des shiitakés, le gingembre, 4 grains de poivre et 2 pincées de gros sel. Laissez cuire ce bouillon, à feu très doux, pendant environ 1 h. Filtrez-le ensuite à travers une passoire fine et éliminez tous les ingrédients solides. Goûtez et, le cas échéant, ajoutez un peu de sel fin pour rectifier l'assaisonnement. Dégraissez le bouillon si nécessaire.

2. Placez les chapeaux des shiitakés dans une casserole avec 2 pincées de sel et 10 cl d'eau, couvrez et laissez cuire, à couvert et à feu très doux, pendant 5 min. Ajoutez le jus de cuisson des champignons au bouillon de poulet.

3. Émincez le filet de poulet en fines lamelles et plongez-le quelques minutes dans le bouillon frémissant. Égouttez les lamelles cuites avec une écumoire et répartissez-les dans les bols de service avec les shiitakés cuits, les oignons nouveaux émincés et la poudre shichimi. Versez le bouillon très chaud sur ces garnitures et terminez la recette en versant quelques gouttes d'huile de sésame. Servez immédiatement.

CONSEILS
Évitez de trop faire cuire les lamelles de poulet afin qu'elles gardent leur tendreté. Vous trouverez le shichimi dans les épiceries asiatiques.

FACILE

Pour **4** personnes
45 min de préparation
Quelques minutes de cuisson
Coût €

TEMPURA

Pour la pâte
200 g de farine • 100 g de Maïzena • 1 sachet de levure • 36 cl d'eau froide

Pour les légumes
1 poivron • 1 petite aubergine • 6 shiitakés • 16 pois mangetout • 1 petite courgette • 8 tranches de racine de lotus • 4 litres d'huile végétale pour friture • Chapelure japonaise (en option)

Pour la sauce
40 g de daikon • 20 cl de sauce soja légère • 30 cl de bouillon dashi (voir Soupe aux coquillages, p. 58) • 5 cl de mirin

Matériel
Friteuse ou grande casserole • Papier absorbant

1. Préparez la pâte. Dans un saladier, mélangez les ingrédients afin d'obtenir une pâte lisse, sans grumeaux.

2. Lavez et essuyez tous les légumes. Videz le poivron de ses pépins et coupez-le en lanières de 1 à 2 cm de large. Coupez l'aubergine en tranches biseautées d'environ 8 mm d'épaisseur en conservant la peau. Éliminez la queue des shiitakés. Effilez les pois mangetout. Coupez la courgette comme l'aubergine. Essuyez et épongez soigneusement les tranches de lotus. Si vous utilisez la racine entière, émincez-la en tranches régulières de 8 mm de large.

3. Préparez la sauce. Râpez finement le daikon et placez-le dans un saladier. Ajoutez le mirin, la sauce soja légère et le bouillon dashi. Mélangez cette sauce et répartissez-la dans les bols de service. Mettez-la de côté.

4. Dans une grande casserole ou une friteuse, portez 3 ou 4 litres d'huile d'arachide à la température de 170 °C. Lorsque l'huile est chaude, plongez les lanières de poivron dans la pâte. Récupérez-les avec une fourchette et laissez s'égoutter l'excédent de pâte un instant. Éventuellement, passez-les dans la chapelure japonaise. Plongez délicatement les légumes dans la friture, assez rapidement, mais l'un après l'autre pour éviter qu'ils ne se collent entre eux. Laissez frire pendant 1 à 2 min, égouttez et réservez au chaud sur du papier absorbant. Répétez cette opération le plus rapidement possible pour les autres légumes. Disposez les beignets cuits sur un plat ou des soucoupes en mariant les formes et les couleurs. Servez aussitôt avec la sauce et dégustez sans attendre.

CONSEIL
La tempura n'attend pas : faites frire les légumes au fur et à mesure et servez-les aussitôt à vos convives. Inutile de faire la cuisson à l'avance : le résultat serait très décevant.

FACILE

Pour **4** à **6** personnes
25 min de préparation
30 min de repos
40 min de cuisson
Coût €

AUBERGINES GRILLÉES À LA BONITE

4 petites aubergines « tigrées », si possible • 10 cl de bouillon dashi (reconstitué ou voir Soupe aux coquillages p. 58) • 4 cuil. à soupe de sauce soja • 2 cuil. à soupe de vinaigre de riz • ¼ de cuil. à café de gingembre frais, haché • 1 cuil. à café de sucre en poudre • 4 belles pincées de katsuoboshi (copeaux de bonite, en épicerie japonaise) • Coriandre pour le décor • Sel fin, poivre

1. Choisissez des petites aubergines dont la chair, assez ferme, est idoine pour cette recette. Avec une fourchette, piquez les 4 aubergines sur toute leur surface pour éviter qu'elles n'éclatent pendant la cuisson. Placez-les sur la grille du four et faites-les cuire à 200 °C (th. 7) pendant environ 40 min. Vérifiez la cuisson : la chair doit être souple, mais garder encore une certaine tenue.

2. Sortez les légumes du four et laissez-les refroidir pendant 30 min. À l'aide d'un petit couteau, éliminez la peau noire et coupez la pulpe d'aubergine cuite en morceaux de la taille d'une grosse noix. Placez ces morceaux dans les bols ou soucoupes de service ; salez et poivrez légèrement.

3. Dans un petit saladier, mélangez la sauce soja, le dashi, le vinaigre, le gingembre haché et le sucre. Avec une cuillère à soupe, nappez-en chaque portion d'aubergine et terminez la recette en déposant au sommet une belle pincée de katsuoboshi, puis 2 ou 3 brins de coriandre fraîche. Servez tiède ou froid avec du riz nature en accompagnement.

CONSEIL
Ne déposez le katsuoboshi sur les aubergines qu'au tout dernier moment, sinon les fins copeaux de bonite s'humidifient très rapidement et perdent leur texture inimitable.

FACILE

Pour **4** à **6** personnes
25 min de préparation
20 min de cuisson
Coût €

GALETTE AU CHOU

1 chou chinois (pas trop gros) • 2 oignons blancs • 2 carottes • 200 g de germes de soja • 1 botte de ciboulette • 3 œufs • ½ cuil. à café de gingembre frais haché • 2 cuil. à soupe de farine de riz • Shichimi • Sauce soja • 4 cuil. à soupe d'huile d'arachide • Huile de sésame • Sel, poivre

Matériel

Grande poêle ou plancha • Robot ménager

1. Éliminez les feuilles périphériques du chou chinois. Détachez toutes les autres feuilles l'une après l'autre, lavez-les à grande eau puis essorez-les dans une essoreuse à salade. Épluchez les oignons et les carottes. Avec un robot ménager, coupez les légumes en fines lanières (à la manière des carottes râpées). Vous pouvez aussi émincer le chou au couteau : cette opération prend un temps plus long mais respecte mieux la texture du légume.

2. Lavez et égouttez les germes de soja. Dans un grand saladier, réunissez tous les légumes en ajoutant la farine de riz, les 3 œufs, du sel, du poivre, le gingembre haché finement, la botte de ciboulette ciselée et 2 cuil. à soupe d'huile de sésame. Mélangez 2 ou 3 min avec une cuillère en bois pour obtenir une préparation assez homogène. Salez et poivrez.

3. Dans une poêle d'environ 28 cm de diamètre, faites chauffer l'huile d'arachide à feu moyen. Versez la préparation dans l'huile chaude. À l'aide d'une cuillère à soupe, tassez-la en lui donnant une forme aussi circulaire que possible. L'épaisseur doit être de 3 ou 4 cm. Laissez cuire ainsi pendant 10 min, puis retournez la galette et faites cuire l'autre côté pendant 10 min. Stoppez la cuisson et disposez la galette sur le plat de service. Saupoudrez de shichimi et agrémentez de sauce soja. Servez chaud, découpé en parts.

CONSEILS

Il existe un très grand nombre de variantes à cette recette très populaire nommée « okonomiaki ». On peut y adjoindre d'autres légumes, de la viande et aussi des sauces dont certaines sont vendues dans les épiceries japonaises.

Soy Sauce

DIFFICILE

Pour **4** à **6** personnes
25 min de préparation
25 min de cuisson
30 + 20 min de refroidissement
Coût €€€

SUSHI DE THON

Pour le riz au vinaigre
250 g de riz japonais pour sushi • 40 g de vinaigre de riz • 10 g de sucre en poudre • 20 g de sirop de maïs coréen (en épicerie asiatique) • 2 ou 3 pincées de sel fin

Pour le poisson
500 g de filet de thon rouge frais

Pour l'assaisonnement
30 g de wasabi

Matériel
Passoire • Cuiseur à riz, si possible • Couteau tranchant

1. Lavez le riz japonais dans une passoire et placez-le dans le cuiseur avec 30 cl d'eau froide. Portez le tout à ébullition, couvrez, réglez le feu à son minimum et laissez cuire très lentement pendant 25 min environ. Lorsque le riz est cuit, stoppez la cuisson, ôtez le couvercle pour éviter la condensation et couvrez à nouveau avec un torchon humide bien propre. Laissez reposer et refroidir pendant 30 min.

2. Dans un petit bol, mélangez les ingrédients de l'assaisonnement au vinaigre. Mélangez le riz refroidi et l'assaisonnement. Mettez de côté dans le réfrigérateur pendant 20 min.

3. Pour préparer les sushi, il est indispensable de n'utiliser que du poisson extrêmement frais. Demandez conseil à votre poissonnier. Choisissez du filet de thon rouge prélevé dans la partie ventrale ou dorsale du poisson. Sur une planche très propre et avec un couteau bien tranchant, éliminez la peau et, le cas échéant, les arêtes. Détaillez la pièce de poisson en rectangles d'environ 6 x 2,5 cm et d'une épaisseur proche de 0,8 cm. Réservez au froid.

4. Avec les mains, façonnez le riz cuit et refroidi en boulettes allongées de 5 cm de long et 2 cm de large. Enduisez l'une des faces des morceaux de thon avec une petite pincée de wasabi, puis posez-les sur les boulettes de riz en pressant légèrement. Placez les sushi au réfrigérateur ou servez-les aussitôt sur une planche de bois décorée avec des concombres, du daikon râpé et du gingembre émincé au vinaigre. N'oubliez pas de présenter de la sauce soja dans des petites coupelles.

CONSEILS
Pour bien réussir les sushi, rien ne remplace… la pratique. La consistance du riz est aussi déterminante : les grains doivent coller entre eux afin de former une boulette assez solide pour pouvoir recevoir le poisson. Là aussi, un peu de pratique et d'expérience sont nécessaires.

DIFFICILE

Pour **4** à **6** personnes
25 min de préparation
30 min de cuisson
1 nuit de marinade
Coût €

SUSHI DE MAQUEREAU MARINÉ

Pour le riz au vinaigre
250 g de riz japonais pour sushi • 30 cl d'eau froide pour la cuisson • 4 cuil. à soupe de vinaigre de riz • 1 cuil. à soupe de sucre en poudre • 3 pincées de sel fin

Pour le poisson et sa marinade
4 beaux filets de maquereau très frais • 1 cuil. à café de sel fin • 20 cl de vinaigre de riz • 1 cuil. à soupe de sucre en poudre • Le jus de 1 citron • ½ cuil. à café de gingembre frais, finement haché • 1 oignon nouveau, finement haché

Pour l'assaisonnement
30 g de wasabi

Matériel
Cuiseur à riz, si possible • Couteau tranchant • Film alimentaire

1. La veille, choisissez 2 beaux maquereaux et levez leurs filets. Éliminez les éventuelles arêtes. Placez les filets dans une assiette creuse et recouvrez-les avec tous les ingrédients de la marinade (préalablement mélangés dans un bol) en essayant de bien les répartir. Protégez avec du film alimentaire et placez au réfrigérateur pendant une nuit.

2. Le jour même, faites cuire le riz en suivant la recette de la page 20.

3. Coupez les filets de maquereau préparés en morceaux de la taille d'un sushi et façonnez des petites boulettes de riz cuit comme indiqué page 26. Incisez le côté peau de 2 coups de couteau parallèles ou en croix pour faire ressortir le contraste de couleurs entre la peau et la chair. Assaisonnez le côté chair avec une petite pincée de wasabi. Plaquez les morceaux de poisson sur le riz en pressant légèrement avec les mains. Décorez les sushi avec du gingembre et de l'oignon nouveau, puis servez-les avec de la sauce soja et du gingembre au vinaigre.

CONSEIL
Pour réussir cette recette, comme en général toutes les recettes de sushi, posséder un couteau très affûté permettant de découper le poisson sans effort et surtout sans écraser la chair fait toute la différence.

FACILE

Pour **4** à **6** personnes
25 min de préparation
30 min de cuisson
Coût €

MAKI

Pour le riz
Riz cuit et vinaigré pour maki (voir technique p. 20)

Pour le poisson
300 g de thon cru très frais (ou daurade, saumon,...) • 3 oignons nouveaux • 2 cuil. à soupe de ciboulette hachée • 1 cuil. à soupe de gingembre frais, finement haché • ¼ de cuil. à café de wasabi • Feuilles de nori pour maki

Matériel
Rouleau pour maki • Film alimentaire

1. Pour préparer cette recette, vous pouvez utiliser des restes de thon cru employé dans la fabrication des sushi, par exemple. Commencez par faire cuire le riz comme indiqué à la page 20. Laissez-le complètement refroidir.

2. Coupez le thon en petits cubes plus ou moins réguliers d'environ 1 cm de côté. Épluchez les oignons et ciselez-les très finement.

3. Dans un saladier, réunissez le poisson, les oignons, le gingembre, la ciboulette et le wasabi. Mélangez le tout très délicatement pour bien répartir les ingrédients et éviter d'écraser le thon.

4. Sur un petit tapis de bambou (makisu) recouvert avec un film alimentaire, posez 1 feuille de nori et tapissez-la avec du riz pour maki. Disposez le poisson horizontalement et roulez le tout en pressant légèrement afin d'obtenir un rouleau régulier. Découpez ensuite ces rouleaux en bouchées. Servez avec de la sauce soja et du gingembre au vinaigre.

CONSEIL
Vous trouverez le rouleau pour maki, indispensable pour préparer cette recette, dans les épiceries japonaises.

FACILE

Pour **4** à **6** personnes
25 min de préparation
40 min de cuisson
Coût €

DAURADE AU SAKÉ

1 daurade d'environ 2 kg • 3 oignons nouveaux • 1 cuil. à soupe de gingembre frais, haché • ½ botte de coriandre fraîche • 25 cl de saké • 10 cl de sauce soja • 10 cl de mirin • 3 cuil. à soupe de sucre en poudre • 3 cuil. à soupe d'huile d'arachide • Huile de sésame • Sel, poivre

Matériel
Cocotte • Papier d'aluminium

1. Pour cette recette, vous pouvez utiliser la daurade grise ou la daurade royale. Dans tous les cas, choisissez-la très fraîche. Écaillez le poisson, videz-le, enlevez les ouïes puis rincez le poisson abondamment à l'eau froide. Épongez-le avec un torchon propre et posez-le sur une planche à découper. Avec un couteau, faites 3 ou 4 incisions parallèles sur les 2 flancs du poisson sur 1 cm d'épaisseur environ.

2. Dans une cocotte, faites chauffer l'huile d'arachide à feu moyen. Commencez par faire revenir les oignons émincés et le gingembre pendant 2 min en remuant constamment sans laisser colorer. Ajoutez ensuite la daurade entière salée et poivrée. Laissez-la cuire et colorer légèrement pendant 2 min, puis retournez-la. Dans un saladier, assemblez la sauce soja, le mirin, le saké, 5 cl d'eau et le sucre. Mélangez un instant et versez sur le poisson. Portez à ébullition, puis laissez cuire, à très petit feu et à couvert, pendant environ 35 min.

3. Lorsque le poisson est cuit, sortez-le délicatement de la cocotte et réservez-le au chaud dans un plat recouvert de papier d'aluminium. Avec une cuillère à soupe ou une louche, dégraissez la sauce. Goûtez-la et rectifiez l'assaisonnement si nécessaire. Versez quelques gouttes d'huile de sésame, puis versez cette sauce assez brune sur la daurade bien chaude. Parsemez de coriandre hachée.

CONSEIL
Enrichissez cette recette de quelques shiitakés que vous ajouterez au moment où vous incorporez le mélange à la sauce soja.

KIKKOMAN

FACILE

Pour **4** à **6** personnes
40 min de préparation
Quelques minutes de cuisson
Coût €€

SUKIYAKI

Pour le bouillon
30 cl de bouillon de poule ou de bœuf (voir recettes p. 104 ou p. 102) • 20 cl de saké • 10 cl de mirin • 10 cl de sauce soja • 3 cuil. à soupe de sucre en poudre roux

Pour les autres composants
400 g de bœuf (filet ou faux-filet) • 1 petit morceau de gras de bœuf (30 g environ, sinon huile végétale) • 1 gros oignon blanc • ½ chou chinois • 6 shiitakés • 2 jeunes poireaux • 1 poignée de liserons d'eau (ou d'épinards) • 1 carré de tofu • 1 poignée de pâtes udon (pâtes japonaises) • 4 à 6œufs extra frais et bio, si possible

Matériel
Réchaud de table à gaz et poêlon pour sukiyaki (boutiques japonaises)

1. Dans une casserole, réunissez tous les ingrédients du bouillon sauf le bouillon. Faites chauffer, portez à ébullition, laissez bouillir 1 min afin de laisser l'alcool s'évaporer. Ajoutez le bouillon, retirez du feu et mettez de côté.

2. Coupez (ou faites couper) la viande finement, un peu comme si vous prépariez un carpaccio. Coupez le gras de bœuf en petits dés. Épluchez l'oignon, coupez-le en tranches pas trop fines. Ôtez la queue des shiitakés, coupez-les en deux, découpez le tofu en cubes, taillez les poireaux lavés en tronçons biseautés de 1,5 cm, lavez les liserons d'eau, coupez-les en tronçons.

3. Posez le réchaud sur la table, faites chauffer le poêlon avec les dés de gras de bœuf, laissez-les fondre et grésiller. Ajoutez la viande, faites-la sauter quelques minutes en remuant, puis regroupez-la dans une partie du poêlon. Rangez à côté les autres ingrédients : oignons, chou chinois coupé, shiitakés, tofu, poireaux, pâtes udon et liserons d'eau. Laissez cuire pendant 2 ou 3 min, sans mélanger, puis versez le bouillon et couvrez. Laissez cuire ainsi pendant une bonne dizaine de minutes environ.

4. Pendant ce temps, cassez les œufs dans des petits bols et battez-les. Stoppez la cuisson, ôtez le couvercle du poêlon et dégustez le sukiyaki directement dans le poêlon, avec des baguettes. Les amateurs apprécient chaque bouchée de bœuf et de légumes après l'avoir rapidement trempée dans l'œuf battu.

CONSEIL
Le temps de cuisson est, ici, indicatif : il dépend de vos goûts, des produits utilisés, de la puissance du réchaud… Dans tous les cas, les légumes, tout en étant cuits, doivent garder une texture très légèrement ferme, mais sans plus.

- FAIT MAISON -

THAÏLANDE

FACILE

Pour **4** personnes
25 min de préparation
Quelques minutes de cuisson
Coût €

SOUPE THAÏLANDAISE AU BŒUF

200 g de bœuf (filet ou faux-filet) • 80 cl de bouillon de poulet (voir p. 34) • 20 cl de lait de coco • 2 tiges de citronnelle • 6 gousses d'ail • 10 tiges de ciboule • 2 tomates • 100 g environ de pousses de bambou • 1 citron vert • 1 poignée de germes de soja • 1 petit morceau de gingembre frais • 1 cuil. à café rase de pâte de curry rouge • 6 cuil. à soupe de nuoc-mâm (ou nam pla) • 1 poignée de vermicelles de riz réhydratés • 1 cuil. à café de sucre (de palme, si possible) • Quelques feuilles de basilic violet • 1 botte de coriandre • Sel

Matériel
4 bols

1. Dans une casserole, assemblez le bouillon, le lait de coco et la pâte de curry rouge. Mélangez avec un fouet à main et faites frémir à feu moyen. Ne laissez pas bouillir.

2. Épluchez la citronnelle. Hachez l'ail et la ciboule. Coupez finement le gingembre. Coupez les tomates en dés ou en tranches. Émincez les pousses de bambou. Ajoutez tous ces ingrédients dans le bouillon. Incorporez également le jus du citron vert et le nuoc-mâm.

3. Juste avant de passer à table, déposez les germes de soja et les vermicelles dans 4 bols individuels. Ajoutez par-dessus le bœuf très finement coupé. Salez et ajoutez le sucre. Déposez le basilic violet grossièrement coupé sur la viande. Versez, pour finir, la soupe bien chaude dans les bols, sur la viande. Parsemez de coriandre hachée.

CONSEIL
La viande doit rester légèrement crue mais la soupe doit être brûlante… Pour y parvenir, versez bien le bouillon presque bouillant dans les bols, pas moins chaud.

FACILE

Pour **4** personnes
25 min de préparation
Quelques minutes de cuisson
40 min d'infusion
Coût €€€

SOUPE DE CREVETTES À LA CITRONNELLE

16 belles queues de crevettes crues, décortiquées • 75 cl de bouillon de volaille (voir p. 34) • 2 tiges de citronnelle • 4 graines de cardamome • 2 citrons verts • 2 petites racines de galanga • 1 piment lampion rouge • 10 tomates cerise • 4 oignons nouveaux • 8 brins de ciboule • 1 boîte de champignons de paille • 4 cuil. à soupe de nuoc-mâm (ou nam pla) • Quelques feuilles de basilic violet

Matériel
4 bols

1. Dans une casserole, assemblez le bouillon de volaille, la cardamome, les zestes des citrons verts, 1 racine de galanga pelée et coupée en tranches et 1 tige de citronnelle coupée en deux dans la longueur puis en longs tronçons. Portez à ébullition et retirez aussitôt du feu. Couvrez, laissez infuser pendant 40 min puis filtrez le bouillon.

2. Pelez le reste de la citronnelle et l'autre racine de galanga. Coupez-les en fins bâtonnets ou en tranches fines. Épépinez le piment et coupez-le en petits dés (la moitié suffit). Coupez les tomates en deux. Ciselez les oignons et la ciboule assez finement. Égouttez les champignons. Pressez 1 seul citron vert.

3. Quelques minutes avant de passer à table, ajoutez au bouillon filtré le reste de galanga et de citronnelle, les tomates, les oignons, la ciboule et les champignons. Faites frémir. Ajoutez les queues de crevettes, laissez frémir de 3 à 4 min pas plus, puis retirez du feu. Terminez la recette en ajoutant le piment, le jus de citron vert, le nuoc-mâm et les feuilles de basilic violet. Répartissez la soupe dans des bols individuels et servez bien chaud.

VARIANTES
Remplacez les crevettes par des dés de lotte mais aussi par des noix de saint-jaques, des grosses moules d'Espagne, des palourdes, des coques, etc.

FACILE

Pour **4** personnes
25 min de préparation
2 h **15** de cuisson
1 h de marinade
Coût €

BŒUF MIJOTÉ AU COCO ET À L'AIL

2 kg de paleron ou jarret de bœuf • 12 gousses d'ail • 4 échalotes • 4 tiges de citronnelle • 1 morceau de racine de galanga • 1 morceau de gingembre • 1 piment rouge • 1 botte de ciboules • 1 petite botte de coriandre • 1 litre de lait de coco • 1 litre de bouillon de volaille (voir p. 34) • 10 grains de poivre • 4 graines de cardamome • Quelques graines de coriandre • ¼ de noix muscade râpée • 1 citron vert • Huile d'arachide ou de tournesol • Sel

1. Coupez le bœuf en cubes ou en morceaux assez gros. Concassez le poivre, la cardamome et la coriandre en vous servant du dos d'une casserole ou d'un rouleau à pâtisserie. Épluchez les échalotes, l'ail, la citronnelle, le galanga et le gingembre. Épépinez le piment. Hachez assez grossièrement tous ces aromates, sans oublier la ciboule et la coriandre. Mettez de côté.

2. Assaisonnez généreusement les morceaux de bœuf de sel, de muscade, de poivre, de cardamome et de coriandre concassés. Placez les morceaux dans un saladier et ajoutez les échalotes, le gingembre et l'ail. Mélangez sans précaution la viande et les aromates avec vos mains de manière à bien les répartir ensemble. Laissez mariner le tout pendant 1 h dans le réfrigérateur.

3. Faites chauffer un peu d'huile dans une cocotte, puis faites dorer les morceaux de viande pendant 10 à 15 min. Veillez à ne pas faire brûler les aromates. Ajoutez ensuite le lait de coco, le bouillon, la citronnelle, le galanga et le piment. Portez à ébullition, écumez, couvrez et laissez mijoter à feu très doux pendant 2 h. Au terme de la cuisson, goûtez la viande : elle doit être parfaitement tendre. Ajoutez alors la ciboule hachée, le jus du citron vert et la coriandre hachée. Mélangez bien et servez bien chaud dans des bols individuels avec du riz blanc (voir recette p. 54).

CONSEIL
Pour gagner du temps, préparez cette recette avec du poulet coupé en morceaux, la cuisson ne prendra alors qu'une heure environ.

FACILE

Pour **4** à **6** personnes
45 min de préparation
1 h **25** de cuisson
Coût €

CURRY ROUGE AU POULET

1 poulet coupé en morceaux • 4 gousses d'ail • 4 échalotes • 1 morceau de racine de galanga • 1 morceau de gingembre • 1 botte de coriandre • 2 aubergines • 4 tomates • 2 citrons verts • 50 cl de bouillon de volaille (voir p. 34) • 20 cl de lait de coco • 2 cuil. à soupe de petites crevettes séchées • 2 cuil. à café de pâte de curry rouge • 1 cuil. à soupe de sucre de palme • Huile arachide ou tournesol • Sel, poivre

Matériel
Mixeur

1. Épluchez et hachez l'ail, les échalotes, le galanga et le gingembre. Hachez grossièrement la coriandre. Dans le mixeur, assemblez la pâte de curry avec les aromates hachés, les crevettes séchées et la moitié de la coriandre. Mixez finement et mettez de côté. Si besoin est, ajoutez quelques cuillerées à soupe de bouillon pour faciliter le mixage.

2. Faites chauffer de l'huile dans un faitout et faites sauter les morceaux de poulet, salés et poivrés, pendant 10 à 15 min. Ajoutez les aubergines coupées en gros morceaux. Laissez cuire 10 min supplémentaires. Ajoutez ensuite la pâte de curry mixée avec les aromates, le bouillon, le lait de coco, le jus des citrons verts, le sucre, du sel et du poivre. Couvrez et laissez cuire pendant 45 min. Ajoutez les tomates coupées en quartiers. Laissez mijoter pendant 10 à 15 min. Parsemez la recette avec le reste de coriandre hachée avant de servir bien chaud avec un riz gluant (voir technique p. 24) ou un riz blanc parfumé.

CONSEIL
Le curry rouge en pâte est très facile à trouver dans les épiceries asiatiques. Tous les currys n'ont pas la même saveur, le même piquant. Attention, donc, aux quantités, quand vous l'utilisez.

FACILE
Pour **4** personnes
45 min de préparation
45 min de cuisson
Coût €€€

CURRY DE POISSON

1 filet de lotte • 1 cuil. à soupe de pâte de curry rouge ou vert • 4 gousses d'ail • 2 tiges de citronnelle • 6 oignons nouveaux • 300 g de potiron, environ • 4 tomates • 2 citrons verts • 1 morceau de racine de galanga • 1 morceau de gingembre • 1 petit piment vert (facultatif) • 70 cl de bouillon volaille • 35 cl de lait de coco • Quelques graines de coriandre • 1 cuil. à soupe de sucre de palme • 1 petite poignée de cacahuètes pelées • 1 botte de coriandre • Quelques feuilles de menthe • Huile d'arachide ou de tournesol • Sel, poivre du Sichuan

Matériel
Cocotte • Mixeur plongeant

1. Épluchez les gousses d'ail, les tiges de citronnelle, les oignons nouveaux, le galanga et le gingembre. Hachez finement le gingembre, le galanga et la citronnelle, puis hachez grossièrement l'ail et les oignons. Concassez les graines de coriandre. Dans un saladier, mélangez tous ces aromates avec la lotte coupée en morceaux. Salez et poivrez. Réservez.

2. Dans une cocotte, faites chauffer un peu d'huile à feu moyen. Ajoutez la pâte de curry, mélangez puis versez le bouillon et le lait de coco. Ajoutez le potiron pelé et coupé en petits dés. Couvrez et laissez cuire à petit feu pendant 30 min. Mixez finement le potiron dans son jus de cuisson. Mettez de côté la sauce ainsi obtenue dans un saladier.

3. Rincez la cocotte. Faites-la chauffer avec un peu d'huile, à feu vif. Faites sauter les morceaux de poisson mélangés aux aromates pendant 7 à 8 min, puis versez par-dessus le jus au potiron. Ajoutez les tomates coupées en tranches, le jus des citrons verts, le sucre et le piment coupé. Portez à ébullition, puis laissez mijoter pendant encore 7 à 8 min environ. Retirez du feu. Salez légèrement, puis ajoutez les cacahuètes, la coriandre et la menthe grossièrement hachées. Servez très chaud.

CONSEILS
Si vous aimez cette recette, essayez aussi le bœuf mijoté au coco (voir p. 84) ou le curry rouge au poulet (voir p. 86).

DIFFICILE

Pour **4** personnes
25 min de préparation
10 à **15** min de cuisson
Coût €€€

GALETTES DE CREVETTES À LA VAPEUR

500 g de queues de crevettes crues, décortiquées • 4 oignons nouveaux• 6 gousses d'ail • Quelques champignons noirs • 1 tige de citronnelle • 1 petit morceau de galanga • 1 petit piment rouge • Quelques brins de coriandre • Quelques tiges de ciboule • 1 blanc d'œuf • 1 cuil. à soupe de farine de riz • Huile de tournesol • Sel, poivre

Matériel
Mixeur • Cuit-vapeur

1. Assurez-vous que les crevettes sont parfaitement décongelées, le cas échéant. Épongez-les, placez-les dans le bol du mixeur avec 4 pincées de sel. Mixez-les à peine 10 s. Ajoutez le blanc d'œuf et la farine de riz. Poivrez et mixez une vingtaine de secondes, pas plus. Placez la pâte de crevettes ainsi obtenue dans un saladier et réservez-la au réfrigérateur.

2. Mettez les champignons noirs dans un bol, recouvrez-les d'eau chaude, laissez-les gonfler 15 min. Égouttez-les bien, plongez-les à nouveau quelques secondes dans de l'eau bouillante, égouttez-les puis hachez-les. Réservez. Coupez finement les oignons, faites-les cuire quelques minutes à la poêle avec un peu d'huile et laissez-les refroidir. Épluchez l'ail et procédez de même qu'avec les oignons. Épluchez la citronnelle et le galanga. Épépinez le piment. Hachez le tout, ainsi que la coriandre et la ciboule.

3. Sortez la pâte de crevettes du réfrigérateur. Ajoutez-y les champignons noirs hachés, l'ail et les oignons cuits, la citronnelle, le galanga, le piment, la coriandre et la ciboule. Mélangez bien avec une cuillère.

4. Humectez légèrement vos mains. Fractionnez la farce en 8 portions égales, façonnez-les en 8 galettes de 1 cm d'épaisseur environ. Déposez les galettes dans un cuit-vapeur et comptez de 10 à 15 min de cuisson. Servez les galettes brûlantes avec du riz et un peu de sauce pimentée thaïe.

CONSEIL
Pour la cuisson, déposez les galettes sur du papier sulfurisé légèrement graissé. Ainsi, elles n'attacheront pas au panier du cuit-vapeur.

FACILE

Pour **4** personnes
35 min de préparation
Quelques minutes de cuisson
Coût €€€

CALMARS AU BASILIC VIOLET

4 calmars frais, coupés en tranches • 4 gousses d'ail • 1 morceau de racine de galanga (de la taille d'une noix, environ) • 1 petit morceau de gingembre • 4 oignons nouveaux • 1 petite poignée de basilic violet • Quelques feuilles de menthe • 4 tomates • 1 citron vert • 2 tiges de citronnelle • 1 petit piment rouge • 60 cl de bouillon • 1 cuil. à café de pâte de curry rouge • 1 cuil. à café de curcuma • 1 cuil. à soupe de sucre de palme • 6 cuil. à soupe de sauce d'huîtres • Quelques graines de coriandre • 1 petite poignée de cacahuètes pelées • Huile d'arachide ou de tournesol • Sel, poivre du Sichuan

Matériel
Faitout • Mixeur

1. Épluchez et hachez grossièrement les gousses d'ail, le galanga et le gingembre. Hachez les oignons nouveaux. Dans le mixeur, assemblez la pâte de curry avec l'ail, le galanga et le gingembre hachés, le basilic et la menthe. Mixez finement avec 6 cuil. à soupe d'huile. Réservez.

2. Faites chauffer de l'huile à feu vif dans un faitout. Assaisonnez les calmars bien épongés avec du sel et du poivre du Sichuan. Faites-les sauter et dorer avec les oignons pendant 2 à 3 min en les remuant de temps en temps. Ajoutez les tomates coupées en tranches. Laissez cuire 5 min, à feu plus doux, en mélangeant de temps à autre.

3. Ajoutez ensuite la pâte de curry aux aromates, le bouillon, le curcuma, le jus du citron vert, le sucre, le piment haché, du sel et du poivre du Sichuan. Ajoutez aussi la citronnelle épluchée et coupée en deux, les graines de coriandre et la sauce d'huîtres. Couvrez et laissez cuire doucement pendant 10 min environ. Goûtez, salez et poivrez un peu plus si besoin est. Parsemez le ragoût d'un peu de basilic violet, de menthe hachée et de quelques cacahuètes. Accompagnez ces calmars d'un riz gluant (voir technique p. 24) ou d'un riz parfumé.

VARIANTE
Remplacez tout ou partie du bouillon par la même quantité de lait de coco.

FACILE

Pour **4** personnes
25 min de préparation
50 min de cuisson
Coût €

RAGOÛT DE CRABE

1,5 kg de gros crabes bleus décongelés • 6 oignons nouveaux • 4 gousses d'ail • 2 aubergines • 4 tomates • 2 citrons verts • 1 petit piment rouge • 1 botte de coriandre • 1 morceau de racine de galanga • 1 morceau de gingembre • 50 cl de bouillon de volaille • 50 cl de lait de coco • 6 cuil. à soupe de sauce d'huîtres • 1 cuil. à soupe de sucre de palme • 1 petite poignée de cacahuètes pelées • Huile d'arachide ou de tournesol • Sel, poivre du Sichuan

Matériel
Mixeur • Faitout

1. Épluchez les gousses d'ail, le galanga et le gingembre. Hachez-les grossièrement avec la coriandre et les oignons. Mixez ces ingrédients avec la moitié de la coriandre et 6 cuil. à soupe d'huile. Mettez de côté.

2. Faites chauffer de l'huile dans un faitout à feu vif. Assaisonnez les crabes bien égouttés avec du sel et du poivre du Sichuan. Faites sauter et dorer les crabes pendant une dizaine de minutes en les retournant de temps en temps. Ajoutez les aubergines et les tomates coupées en tranches. Laissez cuire 10 min supplémentaires en mélangeant de temps en temps.

3. Ajoutez ensuite la pâte aux aromates mixés, le bouillon, le lait de coco, la sauce d'huîtres, le jus des citrons verts, le sucre, du sel et du poivre du Sichuan. Couvrez, laissez cuire doucement pendant 30 min environ. Goûtez, salez et poivrez un peu plus si besoin est. Parsemez le ragoût avec un peu de coriandre hachée, le petit piment préalablement épépiné et haché, et quelques cacahuètes grossièrement concassées. Accompagnez-le d'un riz gluant (voir technique p. 24).

CONSEILS
Ce plat se déguste sans façon : avec les doigts. Vous ne trouverez les crabes bleus que dans les épiceries asiatiques, au rayon des produits surgelés.

DIFFICILE

Pour **4** personnes
45 min de cuisson
1 h de cuisson
2 h **30** de trempage
Coût €

RIZ GLUANT FARCI

400 g de porc (échine, filet mignon) • 4 belles poignées de riz gluant • 4 oignons nouveaux • 3 gousses d'ail • ½ piment rouge ou vert • 1 citron vert • Quelques feuilles de basilic violet • 1 ou 2 feuilles de bananier pour la cuisson • 20 cl de lait de coco • Quelques graines de cardamome • Quelques grains de poivre du Sichuan • 4 belles pincées de cumin • 4 belles pincées de curcuma • 1 cuil. à soupe rase de Maïzena • Huile de tournesol • Sel, poivre

Matériel
Wok • Cuit-vapeur

1. Placez le riz dans un saladier, recouvrez-le d'eau froide et laissez-le tremper pendant 2 h 30. Faites-le cuire à la vapeur pendant 30 min, laissez refroidir. Pendant ce temps, préparez le ragoût. Coupez le porc en petits dés ou en morceaux. Épluchez et coupez finement l'ail et les oignons. Épépinez le piment. Concassez assez finement la cardamome et le poivre du Sichuan.

2. Faites chauffer de l'huile dans un wok. Faites dorer la viande salée et poivrée, avec l'ail, la cardamome et le poivre du Sichuan pendant 20 bonnes minutes. Ajoutez les oignons, le piment haché, le lait de coco préalablement mélangé avec la Maïzena, le cumin et le curcuma. Portez à ébullition, mélangez, puis faites cuire à petit feu pendant 7 à 8 min. Salez et poivrez. Ôtez du feu et laissez complètement refroidir.

3. Éliminez la nervure centrale de la (ou des) feuille(s) de bananier. Coupez ensuite 4 morceaux assez grands pour pouvoir former des balluchons. Répartissez la moitié du riz sur les feuilles (sans les recouvrir complètement). Disposez le ragoût par-dessus. Ajoutez le basilic haché. Recouvrez avec le reste du riz. Refermez, en les repliant, les feuilles de bananier de manière à bien emprisonner le riz et le ragoût. Faites cuire 25 min dans le cuit-vapeur. Laissez refroidir un petit moment avant de déguster.

4. Servez les balluchons entiers, laissez les convives les ouvrir pour découvrir le contenu. Arrosez de quelques gouttes de jus de citron vert avant de déguster.

CONSEIL
Seul le contenu du balluchon se déguste, la feuille de bananier ne servant que d'enveloppe.

FACILE

Pour **4** personnes
25 min de préparation
15 min de cuisson
Coût €

TAPIOCA AU LAIT DE COCO

120 g de tapioca en perles, colorées ou non • 50 cl de lait de coco • 1 citron vert • 2 bananes • 1 mangue • 1 petit morceau de gingembre confit • 4 cuil. à soupe de sucre roux • 1 cuil. à soupe de noix de coco râpée • Quelques feuilles de menthe

1. À l'aide d'un couteau économe, prélevez les zestes du citron vert en essayant de ne pas trop prendre de peau blanche qui apporte de l'amertume. Hachez finement ces zestes. Pelez les bananes et coupez-les en dés. Pelez la mangue, éliminez le noyau et coupez la chair en dés. Réunissez les dés de banane et de mangue dans un bol. Ajoutez les zestes de citron, le gingembre haché et le jus du citron vert. Mélangez délicatement et mettez de côté.

2. Faites bouillir une grande casserole d'eau. Jetez les perles de tapioca en pluie dans l'eau bouillante. Faites-les cuire de 10 à 15 min, puis égouttez-les dans une passoire. Refroidissez-les aussitôt en versant de l'eau froide par-dessus. Égouttez soigneusement.

3. Répartissez les mangues, les bananes et leur jus dans des bols de service. Déposez les perles de tapioca cuites par-dessus, sans mélanger, en essayant de juste recouvrir les fruits. Versez délicatement le lait de coco froid. Décorez de sucre, de noix de coco râpée et de menthe finement hachée. Servez frais.

CONSEILS

Ne faites pas cuire les perles de tapioca trop longtemps, sinon elles se gorgent d'eau et perdent toute saveur. Vous pouvez agrémenter ce dessert de quelques fruits rouges.

拳薑乾
CRYSTALLIZED
Ginger
GEKONFIJTE
GEMBER
NET WT. 6 OZ

- FAIT MAISON -

VIÊT-NAM

FACILE

Pour **4** à **6** personnes
35 min de préparation
3 h + quelques minutes de cuisson
Coût €

PHO

Pour le bouillon de bœuf
2 kg de bœuf (paleron, macreuse ou autre) • 3 oignons • 3 carottes • 2 poireaux • 2 branches de céleri • 1 morceau de gingembre frais (l'équivalent d'un pouce) • 1 tête d'ail • Quelques grains de poivre

Pour la finition
1 paquet de nouilles de riz pour 4 • 8 tiges de ciboule • 4 oignons nouveaux • Quelques feuilles de basilic thaï • 1 piment oiseau • 4 belles pincées de coriandre fraîche • 1 citron • Sel

Matériel
Marmite

1. Placez la viande dans une marmite, recouvrez-la de 2 cm d'eau froide et portez à ébullition. Écumez, ajoutez tous les légumes, le gingembre, l'ail et le poivre. Laissez cuire très doucement, pendant 3 h, en ajoutant un peu d'eau chaude de temps en temps pour que le niveau d'eau reste constant dans la marmite. Filtrez le bouillon, dégraissez-le, récupérez les légumes et la viande.

2. Faites tremper les nouilles de riz dans de l'eau très chaude pendant 15 min. Dans 4 grands bols, répartissez les nouilles, la moitié de la viande cuite coupée en dés ou en fines tranches, 2 carottes cuites coupées en rondelles, la ciboule, le basilic, le piment et les oignons nouveaux finement coupés.

3. Dans une casserole, faites frémir le bouillon, salez-le légèrement. Versez-le brûlant dans les bols, terminez la recette en ajoutant quelques gouttes de citron et de la coriandre.

CONSEILS
Il n'existe pas une mais mille recettes de pho… À vous d'inventer la vôtre en modifiant la recette du bouillon ou en faisant varier la garniture.
Utilisez le reste du bœuf et des légumes pour agrémenter soupes et salades.

FACILE

Pour **4** personnes
25 min de préparation
3 h + **quelques** minutes de cuisson
Coût €

SOUPE DE VERMICELLES ET CREVETTES

Pour le bouillon
1 poule coupée en morceaux, si possible • 3 oignons • 3 carottes • 2 poireaux • 2 branches de céleri • 1 tête d'ail • 1 pouce de gingembre frais • Poivre en grains

Pour la finition
16 queues de crevettes crues, décortiquées • 1 paquet de vermicelles de riz pour 4 • 1 petite poignée de germes de soja • 1 citron vert • 8 tiges de ciboule • 1 piment oiseau • 8 cuil. à soupe de nuoc-mâm • 4 belles pincées de coriandre fraîche • Sel

Matériel
Marmite

1. Placez la poule coupée en morceaux dans une marmite, recouvrez-la de 2 cm d'eau froide et portez à ébullition. Écumez, ajoutez tous les légumes, le gingembre, l'ail et le poivre. Laissez cuire très doucement, pendant 3 h, en ajoutant un peu d'eau chaude de temps en temps pour que le niveau d'eau reste constant dans la marmite. Filtrez le bouillon, dégraissez-le.

2. Faites tremper les vermicelles de riz dans de l'eau très chaude pendant 10 min. Dans 4 grands bols, répartissez les vermicelles, les germes de soja, le jus du citron vert, le nuoc-mâm, la ciboule, le piment et la coriandre, tous finement coupés.

3. Dans une petite casserole d'eau bouillante salée, plongez les queues de crevettes, laissez-les cuire pendant 15 à 20 s, puis égouttez-les. Répartissez-les dans les bols.

4. Dans une casserole, faites frémir le bouillon, salez-le légèrement. Versez-le brûlant dans les bols et servez aussitôt.

CONSEILS
Pour que le bouillon soit limpide et savoureux, faites en sorte que sa cuisson se fasse à petite ébullition et sans interruption. Ne couvrez pas la marmite. Utilisez la viande de poule et les légumes pour agrémenter soupes et salades.

FACILE

Pour **4** personnes
25 min de préparation
3 h + **quelques** minutes de cuisson
Coût €€€

CUAN CHUA (SOUPE AIGRE AU POISSON)

Pour le bouillon
1 poule coupée en morceaux, si possible • 3 oignons • 3 carottes • 2 poireaux • 2 branches de céleri • 1 pouce de gingembre frais • 1 tête d'ail • Quelques grains de poivre

Pour la finition
200 g de filet de lotte • 4 tomates pas trop grosses • 8 ciboules • 1 poignée de germes de soja • Quelques épis de mini-maïs • 2 citrons verts • ¼ d'ananas mûr et pelé • 2 cuil. à soupe de sucre de canne • 8 cuil. à soupe de nuoc-mâm • ½ botte de coriandre • Sel

Matériel
Marmite • Cuit-vapeur ou poêle

1. Placez la poule coupée en morceaux, si possible, dans une marmite, recouvrez-la de 2 cm d'eau froide et portez à ébullition. Écumez, ajoutez tous les légumes, le gingembre, l'ail et le poivre. Laissez cuire très doucement, pendant 3 h, en ajoutant un peu d'eau chaude de temps en temps pour que le niveau d'eau reste constant dans la marmite. Filtrez le bouillon et dégraissez-le.

2. Coupez le poisson en tranches assez fines, faites-les cuire très brièvement soit dans un cuit-vapeur soit à la poêle dans un peu d'eau salée. Mettez de côté. Mesurez 1,5 litre de bouillon, versez-le dans une casserole. Faites-le frémir, ajoutez le jus des citrons verts, le sucre, le nuoc-mâm, l'ananas coupé en tranches assez épaisses (1 cm, pas plus), les tomates coupées en tranches, les épis de maïs et la ciboule hachée. Salez, goûtez, ajoutez plus de sucre et/ou de jus de citron afin d'obtenir une saveur légèrement aigre-douce. Ne faites pas bouillir.

3. Dans les bols, répartissez les germes de soja, le poisson et la coriandre hachée. Versez, à l'aide d'une louche, le bouillon et sa garniture par-dessus. Servez très chaud.

VARIANTES
Remplacez la lotte par d'autres poissons à chair blanche et ferme ou bien encore par des crevettes.

CONSEIL
Utilisez la viande de poule et les légumes pour agrémenter soupes et salades.

FACILE

Pour **4** à **6** personnes
1 h de préparation
Quelques minutes de cuisson
Coût €

NEMS

2 blancs de poulet rôti froids ou 200 g de crevettes cuites (en option) • 8 oignons nouveaux • 2 carottes • 1 poignée de champignons noirs • 2 poignées de germes de soja • 1 paquet de vermicelles de riz • 1 œuf extra frais • 1 morceau de gingembre frais, épluché (une noix) • Crêpes de riz • Huile végétale • Sel, poivre

Pour le service
Feuilles de salade • Feuilles de menthe • Sauce pour nems

1. Coupez les oignons nouveaux puis faites-les cuire 5 ou 6 min à la poêle avec un peu d'huile. Faites tremper les vermicelles dans de l'eau froide. Faites tremper les champignons dans de l'eau très chaude. Pendant ce temps, coupez sommairement les germes de soja, épluchez les carottes et râpez-les. Si vous les utilisez, hachez grossièrement le poulet ou les crevettes. Égouttez soigneusement les vermicelles et les champignons, puis hachez-les grossièrement.

2. Dans un saladier, assemblez les vermicelles, les champignons, les germes de soja, les carottes, les oignons cuits, le gingembre haché, le poulet ou les crevettes. Salez et poivrez. Ajoutez l'œuf, mélangez bien.

3. Faites tremper 1 crêpe de riz 15 à 20 s dans de l'eau un peu chaude. Posez-la devant vous, sur un linge propre. Déposez dessus la valeur de 2 bonnes cuillerées à soupe de garniture. Roulez la crêpe pour bien emprisonner la garniture (voir technique p. 22). Procédez ainsi jusqu'à épuisement des crêpes et de la garniture.

4. Faites chauffer un bon trait d'huile dans une grande poêle. Faites dorer les nems dans l'huile chaude en les retournant de temps à autre (voir cuisson p. 23). Servez-les bien chauds et croustillants avec la salade, les feuilles de menthe et la sauce.

CONSEILS
Les nems peuvent aussi se faire cuire en friteuse. Modifiez la garniture à votre goût : utilisez courgettes, shiitakés, champignons de Paris, ajoutez du piment, du galanga, etc.

FACILE

Pour **4** à **6** personnes
25 min de préparation
40 min de cuisson
Coût €

BÁNH XÈO (CRÊPES FOURRÉES SALÉES)

1 paquet de farine Bánh Xèo • 200 g de queues de crevettes crues, décortiquées • 200 g de porc coupé en lamelles • 2 oignons blancs • 2 poignées de germes de soja • 8 tiges de ciboule • 2 gousses d'ail • ½ botte de coriandre • 1 verre de bouillon de bœuf (voir recette p. 102) • Quelques feuilles de menthe • Nuoc-mâm • Sel, poivre • Huile

Matériel
Grande poêle

1. Versez la farine Bánh Xèo dans un saladier. Ajoutez la quantité de liquide indiquée sur l'emballage, puis mélangez afin d'obtenir une sorte de pâte à crêpes. Faites cuire plusieurs crêpes dans une grande poêle légèrement huilée.

2. Dans une autre poêle, faites sauter les queues de crevettes salées et poivrées puis mettez-les de côté. Ensuite, faites sauter le porc salé et poivré, à feu moyen, pendant 20 min. Ajoutez les oignons émincés et laissez cuire doucement pendant 5 min. Ajoutez le bouillon et faites cuire 15 min de plus. Laissez refroidir.

3. Placez une crêpe dans la poêle légèrement chauffée. Déposez par-dessus des germes de soja, des crevettes, du ragoût de porc, de la coriandre hachée, de la ciboule hachée, de l'ail haché, des feuilles de menthe et un peu de nuoc-mâm. Pliez la crêpe pour la refermer sommairement, servez-la aussitôt et préparez les suivantes.

CONSEIL
Vous ne trouverez la farine Bánh Xèo que dans les épiceries asiatiques.

VARIANTE
Faites varier, à votre guise, la garniture de ces crêpes.

TRÈS FACILE

Pour **4** personnes
25 min de préparation
Quelques minutes de cuisson
Coût €

4/7/15
excellent mais trop salé !
J'avais pas de coriandre
et pas de Riz. Pure dégustation
prometteuse !

POULET AU GINGEMBRE

4 blancs de poulet, sans peau • 2 oignons blancs • 8 ciboules • ½ botte de coriandre • 1 citron vert • 1 morceau de gingembre (l'équivalent de 2 grosses noix) • 2 cuil. à soupe de sucre • 6 cuil. à soupe de sauce d'huîtres • 8 cuil. à soupe de nuoc-mâm • 1 cuil. à café rase de Maïzena • Huile végétale • ~~Sel~~, poivre

Ai mis la m̃ chose pour 2

Matériel
Wok

1. Coupez les blancs de poulet en fins morceaux. Pelez le gingembre et taillez-le en fins bâtonnets. Dans un saladier, mélangez le poulet, ~~du sel,~~ du poivre, le gingembre, le sucre, la sauce d'huîtres, le nuoc-mâm et la Maïzena.

2. Faites chauffer le wok à feu vif avec un bon trait d'huile. Coupez les oignons en rondelles et faites-les dorer dans l'huile. Ajoutez le poulet ; faites cuire à feu vif, pendant 3 ou 4 min, en mélangeant souvent. Ajoutez la ciboule hachée, mélangez et retirez du feu.

\+ 1 peu d'eau

3. Transférez la préparation dans un plat. Décorez avec de la coriandre hachée. Servez bien chaud avec des quartiers de citron vert et du riz blanc.

\+ 1 piment oiseau
\+ 1 gousse d'ail.
\+ noix de cajou

VARIANTES
Préparez aussi cette recette avec des magrets de canard dégraissés, des aiguillettes de canard, ou pour une version végétarienne avec du tofu.

FACILE

Pour **4** personnes
35 min de préparation
1 h de marinade
1 h **15** de cuisson
Coût €

TRAVERS DE PORC À LA CITRONNELLE FRAÎCHE

1 kg de travers de porc, scié en petits morceaux par le boucher, sinon simplement découpé • 8 gousses d'ail • 4 tiges de citronnelle + 1 • 1 piment lampion • 1 citron vert • 10 cuil. à soupe de sauce d'huîtres • 10 cuil. à soupe de sauce soja • 4 cuil. à soupe de sucre • Coriandre fraîche

1. Épluchez l'ail, épépinez le piment, épluchez la citronnelle. Hachez assez finement ces aromates. Mettez-les dans un saladier et mélangez-les avec la sauce d'huîtres, la sauce soja et le sucre.

2. Mélangez, avec vos mains, la préparation à la citronnelle et les travers de porc. Laissez mariner pendant 1 bonne heure.

3. Préchauffez le four à 180 °C (th. 6). Étalez les travers de porc et leur marinade sur une plaque recouverte de papier sulfurisé. Enfournez pour environ 1 h 15 de cuisson. Si la marinade colore trop vite et menace de brûler, ajoutez un petit verre d'eau en cours de cuisson.

4. Sortez les travers du four. Présentez-les dans un plat, avec le jus de cuisson. Décorez et finissez la recette avec de la citronnelle fraîchement hachée, de la coriandre et des quartiers de citrons verts.

VARIANTES
Une recette très simple à préparer avec des ailerons de volaille ou des pilons de poulet. Vous pouvez aussi réaliser la cuisson en cocotte, à feu assez doux.

FACILE

Pour **4** personnes
25 min de préparation
Quelques minutes de cuisson
Coût €

OMELETTE AU CRABE

12 œufs • 300 g de chair de crabe (idéalement, chair de tourteau décortiquée par vos soins) • 4 champignons noirs • 1 gousse d'ail • 1 botte de coriandre • 1 petit morceau de gingembre frais • Le jus de ½ citron vert • 4 cuil. à soupe de nuoc-mâm • 3 cuil. à soupe d'huile de sésame • Huile végétale • Sel, poivre

1. Faites tremper les champignons noirs dans de l'eau très chaude. Cassez les œufs dans un saladier. Ajoutez l'ail très finement haché et la coriandre également hachée. Salez et poivrez. Battez les œufs comme pour préparer une omelette. Ajoutez les champignons égouttés et émincés.

2. Pelez et râpez finement le gingembre (ou hachez-le). Dans un saladier, mélangez délicatement la chair de crabe, le gingembre, le jus de citron vert, le nuoc-mâm, l'huile de sésame, du sel et du poivre.

3. Faites chauffer une poêle à feu moyen, avec un bon trait d'huile végétale. Quand l'huile est chaude, versez les œufs. Décollez les œufs cuits du fond de la poêle, mélangez constamment jusqu'à obtenir la consistance et la cuisson désirées. Ajoutez et répartissez le crabe. Roulez l'omelette sur elle-même afin d'emprisonner le crabe. Présentez l'omelette sur un plat, servez-la aussitôt.

CONSEIL
Cette omelette ne doit pas être colorée : elle doit rester bien jaune. Attention, donc, à l'intensité du feu lorsque vous la faites cuire.

DIFFICILE

Pour **6** personnes
1 h de préparation
Quelques minutes de cuisson
Coût €

FONDUE VIETNAMIENNE

200 g de lotte • 200 g de queues de crevettes crues, décortiquées • 200 g de calmars extra frais, découpés en anneaux • 400 g de coquillages (moules, palourdes, couteaux,…) • 600 g de légumes de votre choix (soja, courgettes, liserons d'eau, pak-choï, chou chinois, vermicelles) • 2 à 3 litres de bouillon de bœuf ou de poule (voir recettes p. 102 et p. 104) • 4 tomates • 4 gousses d'ail • 4 tiges de citronnelle • Nuoc-mâm • Citrons jaunes

Matériel
Réchaud et bol-poêlon pour fondue • Petites épuisettes

1. Versez le bouillon bien dégraissé dans le poêlon. Ajoutez les tomates coupées en tranches, les tiges de citronnelle coupées en deux dans la longueur et les gousses d'ail épluchées et émincées. Portez le bouillon à ébullition, puis faites-le frémir en réglant l'intensité du réchaud.

2. Quand les convives sont attablés, ajoutez au bouillon les légumes les plus longs à cuire. Avant qu'ils ne soient à point, ajoutez tout ou partie des coquillages, la lotte coupée en tranches, les crevettes et les anneaux de calmar.

3. Les convives « pêchent » légumes et fruits de mer avec des petites épuisettes et les mettent dans leurs bols, avec ou sans bouillon. Puis ils assaisonnent légèrement de nuoc-mâm et de jus de citron.

CONSEILS
Il existe, là aussi, de très nombreuses versions de cette recette : certaines sont très piquantes, quand on ajoute des piments dans le bouillon de cuisson. Mais le plus souvent, ce sont les poissons et les fruits de mer qui sont mis à l'honneur, la viande ne s'invitant ici que de manière très occasionnelle.

DIFFICILE

Pour **4** personnes
25 min de préparation
Quelques minutes de cuisson
Coût €

BEIGNETS DE FRUITS

2 œufs • 40 cl de lait • 350 g de farine de riz • 2 bananes • 2 pommes • 1 citron • 2 litres d'huile végétale pour la friture • Sucre en poudre

Matériel
Friteuse ou casserole • Papier absorbant

1. Dans un saladier, mélangez les œufs, le lait et la farine de riz afin d'obtenir une pâte lisse et sans grumeaux. Laissez-la reposer quelques minutes.

2. Pendant ce temps, pelez les bananes et les pommes. Citronnez ces fruits afin qu'ils ne noircissent pas. Épépinez les pommes, coupez les fruits en tranches d'un petit centimètre d'épaisseur.

3. Faites chauffer l'huile de friture à 160 °C (vérifiez avec un thermomètre si vous en avez un). Trempez quelques tranches de fruits dans la pâte, égouttez-les avec une fourchette par exemple, puis plongez-les dans l'huile chaude. Laissez cuire 1 min environ, retournez les beignets, laissez-les frire encore un peu puis égouttez-les. Déposez-les sur du papier absorbant au fur et à mesure. Sucrez-les et servez-les bien chauds.

VARIANTES
Préparez aussi des beignets d'ananas et même de mangue. Pour la pâte, vous pouvez remplacer environ un tiers du lait par autant de lait de coco.

- FAIT MAISON -

INDONÉSIE

FACILE

Pour **4** personnes
25 min de préparation
Quelques minutes de cuisson
Coût €

SALADE DE TOFU AU CITRON VERT

250 g de tofu • ¼ d'ananas frais • 2 citrons verts • 1 orange • 1 poignée de germes de soja • 2 poignées de pousses d'épinard frais • 1 piment lampion • 2 gousses d'ail • 1 grosse noix de gingembre frais • 2 cuil. à soupe de sucre de palme (ou de canne) • 5 cl de nuoc-mâm • 5 cl d'eau minérale • 2 cuil. à soupe de cacahuètes pelées • 1 cuil. à café de pâte de tamarin (en épiceries asiatiques) • Coriandre fraîche • Huile végétale • Sel

1. Coupez le tofu en dés, pas trop petits. Dans une poêle, ou un wok, faites-les colorer à feu assez vif, avec un peu d'huile, pendant quelques minutes. Mettez de côté et laissez refroidir.

2. Dans un plat ou un saladier, réunissez les germes de soja, l'ananas pelé et coupé en morceaux puis les épinards bien lavés et essorés. Déposez par-dessus les dés de tofu. Salez légèrement.

3. Dans un bol, assemblez le jus des citrons verts, un petit zeste finement haché, le jus d'orange, le piment épépiné et haché, le gingembre et l'ail pelés et hachés. Incorporez le sucre, le nuoc-mâm, l'eau minérale et le tamarin, mélangez soigneusement avec un fouet.

4. Versez cette sauce sur la salade, mélangez bien. Ajoutez, pour finir, les cacahuètes légèrement hachées et quelques brins de coriandre fraîche. Servez frais.

CONSEIL

Vous pouvez, ou non, incorporer les 5 cl d'eau minérale dans la sauce : tout dépend de la force que vous voulez lui donner.

VARIANTE

Faites varier la recette en remplaçant le jus des agrumes par un jus de fruit de la Passion.

FACILE

Pour **4** personnes
25 min de préparation
Quelques minutes de cuisson
Coût €

GADO GADO (SALADE DE LÉGUMES)

½ concombre • 2 carottes • ½ chou-fleur • 2 poignées de haricots verts • 2 poignées de germes de soja • ½ piment lampion (en option) • 1 gousse d'ail • 1 citron vert • 2 œufs • 35 cl de lait de coco • 2 cuil. à soupe de pâte de cacahuètes • 4 cuil. à soupe de sauce soja • 1 cuil. à café de terasi (pâte de crevettes, en épiceries asiatiques) • 1 cuil. à soupe rase de sucre • Quelques brins de ciboule

1. Pelez et coupez le concombre en tranches assez fines. Pelez et râpez les carottes. Détaillez le chou-fleur en bouquets, faites-les cuire quelques minutes dans de l'eau bouillante, égouttez-les et mettez de côté. Équeutez les haricots verts et faites-les cuire également. Faites durcir les œufs, puis écalez-les.

2. Dans un plat, répartissez agréablement tous les légumes, cuits et crus. Coupez les œufs durs en deux ou en quartiers, répartissez-les autour des légumes.

3. Dans un bol, mélangez intimement la pâte de cacahuètes et le lait de coco afin d'obtenir une sauce un peu épaisse. Si besoin est, ajoutez un peu plus de lait de coco ou de l'eau afin d'obtenir la bonne consistance. Ajoutez ensuite le piment épépiné et haché, l'ail finement haché, la sauce soja, le terasi, le jus du citron vert et le sucre. Mélangez bien.

4. Versez et répartissez cette sauce marron sur les légumes et décorez de quelques brins de ciboule hachés.

CONSEIL

Le terasi est une pâte de crevettes fermentée très utilisée en Asie méridionale. Sa saveur, très affirmée, est un marqueur de la cuisine indonésienne. Selon la force du terasi que vous utilisez et votre propre tolérance à sa saveur unique, modulez la quantité donnée dans cette recette.

FACILE

Pour **6 à 8** personnes
25 min de préparation
20 min de cuisson
Coût €€€

SAMBAL DE FRUITS DE MER

200 g de queues de crevettes décortiquées • 200 g de calmars coupés en anneaux • 200 g de filet de lotte, coupé en morceaux • 200 g de moules décoquillées • 2 oignons blancs • 2 belles tomates • 4 gousses d'ail • 1 morceau de galanga • 1 morceau de gingembre frais • 80 cl de lait de coco • 1 cuil. à café rase de terasi • 1 cuil. à soupe de sambal oelek • Quelques brins de ciboule • Quelques brins de coriandre • 1 citron vert • Huile végétale • Sel, poivre

Matériel
Wok ou cocotte

1. Dans la cocotte ou le wok, faites chauffer un bon trait d'huile végétale. Ajoutez les crevettes, les calmars et la lotte. Salez et poivrez. Laissez cuire 5 min puis ajoutez les oignons pelés et hachés. Mélangez délicatement. Laissez cuire pendant 5 min.

2. Ajoutez ensuite le lait de coco, le terasi, le sambal oelek, l'ail, le galanga et le gingembre préalablement hachés ainsi que les tomates coupées en dés. Mélangez, ajoutez les moules et 5 cl de leur jus de cuisson filtré. Couvrez, laissez mijoter pendant environ 10 min.

3. Sortez le sambal du feu, ajoutez la ciboule et la coriandre hachées, pressez le citron vert par-dessus, servez bien chaud.

CONSEILS
Il existe mille versions de cette recette… Toutes sont le plus souvent très épicées à un point à peine supportable… Le sambal oelek est une pâte de piment fermentée assez facile à trouver en épiceries asiatiques. Il est indispensable pour réaliser cette recette et toutes ses variantes.

PURÉE DE PIMENT - VERSE SAMBAL OELEK -
辣椒醬

FACILE

Pour **4 à 6** personnes
25 min de préparation
30 min de cuisson
Coût €€€

SATÉ DE POISSON

800 g de lotte coupée en tranches ou en tronçons • 2 aubergines cuites au four (en option) • 2 oignons blancs • 4 gousses d'ail • 1 morceau de galanga • 1 morceau de gingembre frais • 2 citrons verts • 2 belles tomates • 60 cl de lait de coco • 1 cuil. à soupe rase de pâte de cacahuètes • 1 cuil. à soupe de saté en poudre • 1 cuil. à café rase de pâte de curry vert • 2 cuil. à soupe de sucre • Quelques brins de ciboule • Quelques brins de coriandre • 2 cuil. à soupe de cacahuètes pelées • Huile végétale • Sel, poivre

Matériel
Wok ou cocotte

1. Dans la cocotte ou le wok, faites chauffer un bon trait d'huile végétale. Ajoutez les tranches de lotte. Salez et poivrez. Laissez cuire 5 min puis ajoutez les oignons pelés et hachés. Mélangez délicatement. Laissez cuire pendant 5 min.

2. Ajoutez ensuite les aubergines coupées en morceaux, le lait de coco, la pâte de cacahuètes, le saté, le curry vert, les gousses d'ail, le galanga et le gingembre préalablement hachés, le jus des citrons verts, les tomates coupées en tranches et le sucre. Mélangez, portez à ébullition, puis couvrez et laissez mijoter doucement pendant environ 20 min.

3. Retirez du feu, salez et poivrez si besoin est. Terminez la recette en saupoudrant un peu de saté puis en parsemant le plat de ciboule hachée, de quelques brins de coriandre et de cacahuètes.

CONSEIL
Certaines poudres de saté sont très fortes, d'autres le sont beaucoup moins. Adaptez les quantités à utiliser selon la nature du saté et vos propres goûts. Vous trouverez aussi des pâtes de saté et même des sauces au saté toutes prêtes, relativement douces, assez adaptées aux palais sensibles…

FACILE

Pour **4** personnes
25 min de préparation
1 h **20** de cuisson
Coût €€€

SATÉ DE POULET

1 poulet coupé en morceaux • 2 oignons blancs • 1 poivron rouge • 1 belle aubergine • 4 belles tomates • 4 gousses d'ail • 1 morceau de galanga • 1 morceau de gingembre frais • 2 citrons verts • 2 feuilles de laurier • 1 brin de thym frais • 60 cl de lait de coco • 1 cuil. à café de graines de coriandre • 4 pincées de graines d'anis • 2 graines de cardamome • 1 cuil. à café rase de graines de cumin • 4 pincées de noix muscade • 1 clou de girofle • 1 cuil. à soupe rase de pâte de cacahuètes • 1 cuil. à soupe de saté en poudre • 2 cuil. à soupe de sucre • Quelques brins de ciboule • Quelques brins de coriandre • Huile végétale • Sel, poivre

Matériel
Wok ou cocotte

1. Concassez aussi finement que vous le pouvez les graines de coriandre, d'anis, de cardamome et de cumin avec la muscade. Salez et poivrez le poulet puis assaisonnez-le avec ces épices.

2. Dans la cocotte ou le wok, faites chauffer un bon trait d'huile végétale. Faites-y dorer le poulet pendant 15 bonnes minutes en mélangeant puis ajoutez les oignons pelés et hachés. Mélangez délicatement, laissez cuire pendant 5 min. Ajoutez le poivron coupé en dés et l'aubergine coupée en tranches. Mélangez.

3. Ajoutez ensuite le lait de coco, le clou de girofle, le laurier, le thym, la pâte de cacahuètes, le saté, les gousses d'ail, le galanga, le gingembre préalablement hachés, le jus des citrons verts, les tomates coupées en tranches et le sucre. Mélangez et portez à ébullition. Laissez mijoter doucement, à couvert, pendant 1 h environ.

4. Retirez du feu, salez et poivrez si besoin est. Terminez la recette en saupoudrant un peu de saté puis en parsemant le plat de ciboule hachée et de quelques brins de coriandre.

CONSEIL
Vous pouvez ajouter d'autres légumes dans cette recette : aubergines « serpent », courgettes, chayottes, liserons d'eau, etc.

FACILE

Pour **4** personnes
25 min de préparation
25 min de cuisson
Coût €

NASI GORENG (RIZ SAUTÉ)

1 blanc de poulet sans peau (ou quelques queues de crevettes crues, décortiquées) • 150 g de riz long, cuit nature et encore chaud, si possible • 4 œufs • 2 ou 3 tiges de ciboule • Quelques brins de coriandre • 1 carotte • 2 oignons • 3 gousses d'ail • 1 petit blanc de poireau • 1 noix de gingembre frais • 5 pincées de coriandre en poudre • 1 cuil. à soupe de sambal oelek • Huile végétale • Sel, poivre

Matériel
Poêle ou wok

1. Cassez les œufs dans un bol. Ajoutez la coriandre et la ciboule hachées. Salez et poivrez. Battez les œufs avec une fourchette comme pour une omelette. Faites-les cuire à la poêle (ou dans le wok), avec un peu d'huile et à feu très vif, en les remuant constamment. Transférez les œufs cuits dans une assiette. Rincez et essuyez la poêle.

2. Épluchez la carotte et râpez-la. Épluchez les oignons et l'ail. Hachez-les séparément. Hachez le blanc de poireau, épluchez et hachez le gingembre. Découpez le poulet en dés ou en lanières. Salez et poivrez.

3. Faites chauffer la poêle avec un bon trait d'huile. Ajoutez la carotte, le poireau, le gingembre, les oignons. Faites cuire le tout pendant 5 min, sans laisser colorer. Ajoutez le poulet, laissez cuire pendant encore 5 min en remuant. Ajoutez le riz, la coriandre en poudre, le sambal oelek, l'ail, du sel et du poivre.

4. Faites sauter le riz pendant environ 10 min, à feu moyen, sans le laisser colorer. Terminez la recette en incorporant les œufs. Mélangez bien pour les répartir dans le riz. Servez bien chaud.

CONSEIL
Cette recette varie beaucoup d'une région à l'autre. Vous pouvez donc la personnaliser à volonté sans craindre d'en trahir l'esprit. Changez les aromates, supprimez le piment, ou, au contraire, ajoutez-en plus.

FACILE

Pour **4** personnes
25 min de préparation
1 h **30** min de cuisson
Coût €

LÉGUMES URAP

2 aubergines, cuites au four • 1 poivron • 1 chayotte • 1 oignon blanc • 1 banane plantain • 1 morceau de courge ou de potimarron • 1 poignée de haricots mangetout • 3 gousses d'ail • 1 noix de gingembre frais • 1 blanc de petit poireau • 1 cuil. à soupe rase de curcuma • 5 pincées de coriandre en poudre • 1 cuil. à soupe de sambal oelek • 1 litre de lait de coco • 1 citron vert • Quelques tiges de ciboule • Noix de coco râpée • Huile de piment • Huile végétale • Sel, poivre

Matériel
Cocotte

1. Coupez les aubergines cuites en gros morceaux, épépinez et coupez le poivron (en carrés ou en lanières), coupez la chayotte de la même manière. Épluchez l'oignon et détaillez-le en tranches. Épluchez la banane et la courge, coupez-les en tranches, en dés ou en lanières. Équeutez les haricots mangetout.

2. Épluchez et hachez l'ail, le gingembre. Lavez le poireau, coupez-le finement. Dans une cocotte, faites chauffer un peu d'huile végétale. Ajoutez le poireau et le gingembre. Laissez cuire un peu, puis ajoutez tous les autres légumes et les épices. Versez aussi le lait de coco et le jus de citron vert. Salez et poivrez.

3. Portez à ébullition, couvrez et laissez mijoter 1 bonne heure. Quand les légumes sont bien cuits et parfaitement tendres, retirez la cocotte du feu. Goûtez, assaisonnez plus si besoin est, ajoutez la ciboule hachée et un petit trait d'huile de piment. Saupoudrez de noix de coco râpée et servez chaud avec du riz blanc en accompagnement.

CONSEIL
Les légumes urap se cuisinent de mille manières, les recettes changeant du tout au tout selon les régions, les îles et les traditions qui y prennent place. La noix de coco est, pour ainsi dire, le seul ingrédient commun à toutes ces variations : ne l'oubliez pas.

DIFFICILE

Pour **4** personnes
25 min de préparation
2 h de trempage
30 min de cuisson
Coût €

NASI KUNYIT (RIZ AU LAIT DE COCO ET CURCUMA)

200 g de riz rond • 800 g (80 cl) de lait de coco • 1 cuil. à soupe de curcuma • Noix de coco en poudre • Huile végétale • Sel, poivre

Matériel
Cuiseur à riz ou casserole • 4 moules en forme de cône

1. Faites tremper le riz rond dans de l'eau froide pendant 2 h. Dans le bol de cuisson du cuiseur à riz, mélangez le lait de coco, le curcuma, un peu de sel et de poivre. Ajoutez le riz égoutté. Lancez le cycle de cuisson et fermez l'appareil.

2. Quand le riz est cuit et encore un peu chaud, remplissez les moules légèrement huilés. Tassez le riz, sans plus, avec le dos d'une cuillère. Laissez reposer pendant quelques minutes.

3. Démoulez le ou les dômes de riz sur des assiettes individuelles ou un plat de service. Saupoudrez-le(s) de noix coco.

CONSEIL
On sert ces dômes de riz entourés de légumes crus ou cuits, de salade, de germes de soja mais aussi de viandes cuites ou encore de poissons.

FACILE

Pour **4** à **6** personnes
25 min de préparation
20 min de cuisson
Coût €

PERGEDEL (VIANDE ET LÉGUMES HACHÉS)

• 500 g de viande de bœuf hachée • 4 oignons nouveaux • 4 tiges de ciboule • Quelques brins de coriandre • 2 gousses d'ail • 1 petit morceau de galanga • ½ piment lampion • 1 œuf • 2 belles pommes de terre cuites • 3 pincées de coriandre moulue • Huile végétale • Sel, poivre

1. Coupez finement les oignons. Faites-les cuire quelques minutes à feu doux avec de l'huile ; mettez de côté. Réduisez les pommes de terre en une purée grossière. Épépinez le piment et coupez-le finement. Hachez la ciboule, la coriandre, l'ail et le galanga.

2. Dans un saladier, mélangez tous ces aromates avec les oignons cuits, la viande hachée, la purée de pommes de terre, l'œuf, la coriandre moulue, du sel et du poivre.

3. Avec vos mains, formez sommairement des boulettes. Salez et poivrez puis faites-les cuire à la poêle, avec de l'huile. Comptez un bon quart d'heure de cuisson en les retournant souvent.

4. Servez ces boulettes avec un riz blanc et un urap de légumes (voir recette p. 136), par exemple.

CONSEIL

Cette recette, mélange des traditions hollandaise et indonésienne, plaît beaucoup aux enfants… si vous supprimez ou modérez la quantité d'épices et de piment, bien sûr.

- FAIT MAISON -

CORÉE

FACILE

Pour **4** à **6** personnes
1 h **30** de préparation
20 min de cuisson
Coût €

RAVIOLIS CORÉENS FRITS

1 recette de pâte pour raviolis (voir technique p. 12)

Pour la farce
350 g de porc frais haché (poitrine, épaule) • 1 morceau de gingembre frais • 4 gousses d'ail • 4 oignons nouveaux • 10 tiges de ciboule • ¼ de chou chinois • 1 œuf • 50 g de kim chi (chou fermenté) • Sauce soja • Huile végétale • Sel, poivre

Pour la sauce
1 morceau de gingembre frais • 7 ou 8 tiges de ciboule • 3 pincées de sucre • 25 cl de sauce soja • 10 cl de vinaigre noir chinois • 1 cuil. à soupe d'huile de sésame • 2 cuil. à soupe de coriandre fraîche hachée

Matériel
Grande poêle

1. Préparez la pâte des raviolis en suivant la recette de la page 12.

2. Préparez la farce. Épluchez et hachez le gingembre, l'ail et les oignons. Hachez aussi la ciboule et le chou chinois. Dans un saladier, mélangez le porc haché avec le kim chi haché, de la sauce soja (environ 6 cuil. à soupe), du poivre, du sel et l'œuf. Ajoutez le gingembre, l'ail, la ciboule, les oignons et le chou hachés, afin d'obtenir une farce assez homogène.

3. Préparez la sauce. Épluchez et hachez le gingembre et la ciboule. Dans un bol, mélangez ces aromates aux autres composants de la recette. Formez les raviolis comme indiqué page 16.

4. Faites bouillir un grand volume d'eau. Plongez délicatement les raviolis (tout ou partie) dans le liquide brûlant. Mélangez très délicatement. Quand l'ébullition reprend, comptez 2 min de cuisson, à petite ébullition. Égouttez les raviolis avec une écumoire.

5. Huilez une grande poêle, rangez des raviolis les uns à côté des autres, assez serrés, puis faites chauffer à feu moyen. Laissez les raviolis se colorer d'un seul côté, sans les retourner. Servez-les ainsi, très chauds, avec la sauce d'accompagnement.

CONSEIL
Si vous aimez les saveurs fortes, n'hésitez pas à ajouter un peu plus de kim chi dans la sauce.

KIMCHI
CHOU CHINOIS
wang
김치
KOREA
NET WT / POIDS NET: 410 g

FACILE

Pour **4** à **6** personnes
35 min de préparation
10 min de cuisson
12 h de réfrigération
Coût €

SOUPE AU CHOU CORÉENNE

1 oignon blanc • 2 nashis (poires asiatiques) • ½ chou chinois • 10 brins de ciboule • 250 g de daikon frais (gros radis blanc) • 1 carotte • 10 gousses d'ail • 2,5 litres de bouillon de bœuf ou de volaille (voir recettes p. 102 et p. 34)• 1 cuil. à soupe rase de piment en poudre coréen • Sel, poivre

1. Épluchez l'oignon et les poires, ôtez les pépins. Coupez-les en tranches pas trop épaisses. Coupez le chou en lanières d'un bon centimètre, hachez grossièrement la ciboule, coupez le daikon et la carotte préalablement épluchés en tranches pas trop épaisses. Épluchez les gousses d'ail et coupez-les en lamelles.

2. Enfermez le piment dans un morceau de gaze très fine. Dans une cocotte, assemblez tous les ingrédients de la recette. Portez à ébullition, salez, poivrez et retirez du feu. Plongez le balluchon de piment dans la soupe pendant 1 à 2 min, puis retirez-le.

3. Placez ensuite la soupe dans le réfrigérateur pendant 10 à 12 h. Servez cette soupe très froide, dans des bols individuels.

CONSEIL

Plus vous laissez le balluchon de piment dans la soupe, plus elle sera forte. Il est normal qu'elle prenne une teinte légèrement rouge orangé. Mais vous pouvez aussi la servir nature, sans le piment.

FACILE

Pour **4** personnes
45 min de préparation
7 à 8 min de cuisson
Coût €

BIBIMBAP

Pour la marinade
200 g de faux-filet ou de filet de bœuf • 2 gousses d'ail écrasées • 8 cuil. à soupe de sauce soja • 2 cuil. à soupe de miel liquide • 1 cuil. à soupe d'huile de sésame

Pour le riz et les garnitures
1 recette de riz cuit nature (voir recette p. 54) • 1 pomme de terre • 1 carotte • 1 concombre • 2 poignées de shiitakés • 2 poignées de germes de soja • 1 cuil. à soupe de graines de sésame • 2 cuil. à soupe d'huile de sésame • 4 œufs • Huile végétale • Sel, poivre

Pour la sauce pimentée
• 2 cuil. à soupe de pâte de piment rouge coréenne • 1 cuil. à soupe de miel liquide • 1 cuil. à soupe d'huile de sésame • 1 cuil. à café de graines de sésame écrasées • 5 cl de bouillon de bœuf ou de volaille (voir recettes p. 102 et p. 34)

Matériel
• Wok ou poêle • 4 grands bols coréens

1. Préparez la marinade en mélangeant tous les ingrédients. Coupez le bœuf finement, mélangez-le avec la marinade, mettez de côté.

2. Épluchez la pomme de terre et la carotte. Râpez-les grossièrement. Coupez le concombre en tranches. Coupez les shiitakés en quatre. Cassez les œufs, récupérez le jaune dans une demi-coquille, sans le percer. L'opération est plus facile à faire avec des œufs bien froids.

3. Dans une poêle ou un wok, faites sauter la pomme de terre et la carotte salées et poivrées avec un peu d'huile pendant 7 à 8 min, puis mettez de côté. Faites ensuite sauter les shiitakés de la même manière, puis les germes de soja.

4. Répartissez le riz dans les grands bols. Déposez côte à côte le mélange pomme de terre-carotte, puis le concombre, puis les shiitakés, puis les germes de soja et enfin le bœuf que vous aurez fait sauter rapidement à la poêle avec un peu d'huile. Déposez au centre le jaune d'œuf. Parsemez de graines de sésame et arrosez de quelques gouttes d'huile de sésame. Présentez la sauce piquante à part. Pour la préparer, mélangez tous les ingrédients ensemble.

CONSEIL
Cette recette traditionnelle et familiale se décline de mille façons. À vous de trouver la version que vous préférerez.

TRÈS FACILE

Pour **4** à **6** personnes
15 min de préparation
10 min de cuisson
Coût €

PAJEON (ŒUFS SAUTÉS EN GALETTE)

2 œufs frais • 1 poignée de moules décoquillées (ou de crevettes, poisson,...) • 200 g de farine • 1 sachet de levure • 15 cl de bouillon ou, à défaut, d'eau • 1 oignon blanc • 2 blancs de poireaux • 1 cuil. à soupe de kim chi • 6 brins de ciboule • Graines de sésame • Piment en poudre coréen • 8 cuil. à soupe de sauce bulgogi (en épiceries asiatiques) • Huile végétale • Sel, poivre

Matériel
Grande poêle

1. Dans un saladier, mélangez l'eau ou le bouillon froid avec la farine, la levure puis les œufs. Mélangez bien avec un fouet afin d'éliminer les éventuels grumeaux. Épluchez l'oignon blanc, coupez-le en anneaux. Faites cuire ces anneaux à la poêle, avec un peu d'huile, pendant 7 à 8 min. Retirez du feu et mettez de côté.

2. Coupez les blancs de poireaux en tranches assez fines. Faites-les cuire à la poêle avec un peu d'huile, du sel et du poivre, pendant 7 à 8 min. Retirez du feu et mettez de côté. Coupez grossièrement le kim chi.

3. Ajoutez à la pâte aux œufs le kim chi, les poireaux, les moules, la ciboule hachée, du sel et du poivre. Versez un peu d'huile dans une grande poêle. Déposez les oignons en les divisant en 4 petits tas. Versez de la pâte par-dessus afin de former 4 crêpes ressemblant un peu à des blinis.

4. Faites cuire sans trop laisser colorer. Retournez les crêpes et terminez la cuisson. Déposez les crêpes dans les assiettes, ajoutez par-dessus un peu de sauce bulgogi, des graines de sésame et un soupçon de piment en poudre. Servez avec des germes de soja, du riz et des légumes au vinaigre, par exemple.

CONSEIL
On trouve dans les épiceries asiatiques des sachets de pâte pour paejon : il suffit d'y ajouter un peu d'eau et des œufs.

VARIANTES
Vous pouvez garnir la pâte à crêpes de moules, mais aussi de légumes ou de viandes comme un reste de poulet rôti par exemple.

FACILE

Pour **4** à **6** personnes
30 min de préparation
1 h **30** de cuisson
Coût €

SAMGYETANG (RAGOÛT DE POULET À L'AIL)

1 poulet • 1 petite racine de ginseng • 1 grosse noix de gingembre frais • 10 gousses d'ail frais • 6 shiitakés • 10 châtaignes d'eau, si possible • 6 brins de ciboule • Sel, poivre en grains

Matériel
Cocotte • Fil de cuisine

1. Ficelez le poulet. Pelez le gingembre et les gousses d'ail. Placez le poulet dans une cocotte. Ajoutez de l'eau froide, sans chercher à le recouvrir parfaitement. Portez à ébullition, écumez la surface. Ajoutez le ginseng, le gingembre, les gousses d'ail, les shiitakés, les châtaignes d'eau et quelques grains de poivre. Couvrez et laissez mijoter doucement pendant environ 1 h 30.

2. Au terme de la cuisson, ajoutez un peu de sel et la ciboule hachée. Servez le poulet avec son bouillon. Vous pouvez aussi le désosser, effilocher sa viande et la servir dans des bols avec le bouillon.

CONSEIL
Il existe dans les épiceries asiatiques des sachets de garniture aromatique pour samgyetang. Il suffit de l'ajouter au début de la cuisson. Le samgyetang est une recette quasi médicinale réputée pour ses vertus tonifiantes et énergisantes…

VARIANTE
On peut aussi farcir la volaille avec du riz gluant, ou des châtaignes d'eau.

FACILE

Pour **4** à **6** personnes
25 min de préparation
15 min de cuisson
Coût €

JAPCHAE (NOUILLES SAUTÉES)

2 œufs • 100 g de vermicelles chinois • 1 poivron rouge • 1 carotte • 1 oignon blanc • 1 poignée de champignons noirs • 4 ou 5 tiges de ciboule • 4 gousses d'ail épluchées • 1 belle poignée de germes de soja • 1 poignée de pousses d'épinard • 5 cl de sauce teriyaki • 5 cl de bouillon de volaille ou de bœuf (voir recettes p. 34 et p. 102) • 2 cuil. à soupe de graines de sésame • 1 cuil. à soupe de kim chi • 1 cuil. à soupe d'huile de sésame • Piment en poudre shichimi • Huile végétale • Sel, poivre

Matériel
Wok ou poêle

1. Faites tremper les vermicelles dans de l'eau chaude pendant 10 à 15 min puis égouttez-les. Épépinez le poivron, épluchez la carotte et l'oignon blanc. Coupez ces légumes en fins bâtonnets.

2. Cassez les œufs dans une poêle huilée et chaude. Faites-les cuire au plat, en brisant le jaune pour accélérer la cuisson. Retirez du feu, découpez les œufs en lamelles et mettez de côté.

3. Dans un wok, ou une poêle, faites chauffer un trait d'huile végétale. Ajoutez les bâtonnets de poivron, de carotte et d'oignon. Ajoutez aussi les champignons noirs réhydratés et grossièrement hachés. Faites cuire 5 min en remuant. Ajoutez le teriyaki, les vermicelles, le kim chi haché, l'ail haché et les épinards. Salez et poivrez. Faites sauter le tout pendant 5 min, toujours en remuant. Ajoutez les œufs à la fin de la cuisson.

4. Ajoutez les germes de soja, le bouillon, mélangez bien. Versez la préparation dans une grande assiette ; ajoutez, pour finir, l'huile de sésame, les graines de sésame, la ciboule hachée et 3 ou 4 pincées de shichimi.

FACILE

Pour **4** à **6** personnes
35 minutes de préparation
20 minutes de cuisson
Coût €

RAGOÛT DE POULET AU SOJA FERMENTÉ

4 blancs de poulet, sans peau • 1 oignon blanc • 1 carotte • ½ blanc de poireau • 4 oignons nouveaux, avec leurs fanes vertes • 4 gousses d'ail • 1 noix de gingembre frais • 1 cuil. à soupe de kim chi • 2 pommes de terres cuites • 4 shiitakés • 5 cl de saké • 4 cuil. à soupe de sirop de maïs • 5 cl de sauce teriyaki (en épiceries asiatiques) • 35 cl de bouillon de poulet ou de bœuf (voir recettes p. 60 et p. 102) • 1 cuil. à soupe de miso • Huile de sésame • Huile végétale • Sel, poivre

Matériel
Cocotte

1. Coupez les filets de poulet en lanières, salez, poivrez et mettez de côté. Épluchez la carotte et l'oignon blanc, lavez le poireau, coupez ces légumes en morceaux. Épluchez le gingembre et l'ail, émincez-les, comme les oignons nouveaux.

2. Dans une cocotte, faites revenir l'oignon, la carotte et le poireau avec un peu d'huile végétale pendant quelques minutes. Ajoutez le poulet, le gingembre, l'ail, les oignons nouveaux (sauf une coupelle de fanes, à réserver pour la finition), le kim chi, les pommes de terre coupées en morceaux et les shiitakés coupés en tranches. Mélangez et laissez cuire pendant 5 min.

3. Ajoutez le saké, le sirop de maïs, le teriyaki, le bouillon et le miso. Mélangez, laissez mijoter à feu doux pendant 10 à 15 min.

4. Terminez la recette en ajoutant un peu d'huile de sésame et les fanes d'oignons nouveaux réservées.

CONSEIL
Dans cette recette, on peut aussi ajouter des germes de soja, des vermicelles, du chou chinois.

FACILE

Pour **4** à **6** personnes
35 minutes de préparation
5 min de cuisson
Coût €€€

LE BARBECUE CORÉEN

600 g de bœuf finement coupé (filet ou faux-filet)

Pour la marinade
1 noix de gingembre • 4 gousses d'ail • 2 cuil. à soupe de poireau finement haché • 2 cuil. à soupe de mirin • 2 cuil. à soupe de saké • 8 cuil. à soupe de sauce teriyaki • 1 cuil. à café de sucre • 2 cuil. à soupe d'huile de sésame

Pour les légumes
Au choix : shiitakés, jeunes poireaux, chou chinois, poivrons, champignons…
• riz nature (voir p. 54)

Pour la sauce d'accompagnement
2 cuil. à soupe de mirin • 6 cuil. à soupe de saké • 5 cl de sauce teriyaki • 1 cuil. à café de sucre • 2 tiges de ciboule • 3 ou 4 pincées d'épices shichimi • 2 cuil. à soupe d'huile de sésame • 1 cuil. à soupe de graines de sésame

Matériel
Réchaud pour barbecue coréen

1. Dans un saladier, mélangez délicatement le bœuf avec le gingembre et l'ail très finement hachés ainsi que tous les autres ingrédients de la marinade. Disposez ensuite la viande dans un grand plat.

2. Préparez les légumes, placez-les aussi dans un plat. Préparez la sauce en mélangeant ensemble tous les ingrédients. Répartissez-la ensuite dans 4 à 6 coupelles, selon le nombre de convives.

3. Faites chauffer le réchaud. Chaque convive dépose un peu de viande et/ou de légumes sur le réchaud et les déguste avec un peu de sauce. Servez le barbecue coréen avec un riz blanc nature.

CONSEIL
Très souvent, la viande du barbecue coréen n'est pas marinée… Ainsi, elle conserve sa belle couleur rouge. Dans ce cas, la sauce d'accompagnement est tout à fait indispensable.

FACILE

Pour **4** à **6** personnes
35 min de préparation
Coût €€

LA FONDUE CORÉENNE

Pour le bouillon
2 litres de bouillon de bœuf (voir recette p. 102) • 20 cl de saké • 10 cl de mirin • 10 cl de sauce soja • 3 cuil. à soupe de sucre en poudre roux • 1 cuil. à soupe de pâte de piment coréen

Pour les autres composants
600 g de bœuf (faux-filet ou filet) • 1 gros oignon blanc • ½ chou chinois • 6 shiitakés • 6 gros champignons de Paris • 6 jeunes poireaux • 1 poignée de liserons d'eau • 1 poignée d'épinards • 1 carré de tofu • 1 poignée de pâtes udon (pâtes japonaises) • 4 à 6 œufs extra frais et bio, si possible (en option, voir Conseil)

Pour la sauce
4 cuil. à soupe de mirin • 6 cuil. à soupe de saké • 10 cl de sauce teriyaki • 2 cuil. à café de sucre • 1 cuil. à café rase de pâte de sésame • 4 tiges de ciboule hachées • 3 ou 4 pincées d'épices shichimi • 2 cuil. à soupe d'huile de sésame • 1 cuil. à soupe de graines de sésame

Matériel
Réchaud de table à gaz pour fondue

1. Dans une casserole, assemblez tous les ingrédients du bouillon, à l'exception de la pâte de piment. Faites chauffer, portez à ébullition, laissez bouillir 1 min puis versez dans le poêlon à fondue. Gardez au chaud, couvrez, sans laisser bouillir. Au dernier moment, ajoutez la cuillerée de pâte de piment coréen.

2. Coupez (ou faites couper) la viande finement. Épluchez l'oignon blanc, coupez-le en tranches pas trop fines. Coupez le chou chinois en tranches épaisses. Ôtez la queue des shiitakés, coupez-les en deux, coupez les champignons de Paris en grosses tranches, découpez le tofu en cubes, taillez les poireaux lavés en tronçons biseautés de 1,5 cm, lavez les liserons d'eau, coupez-les en tronçons. Lavez les épinards.

3. Préparez la sauce en mélangeant ensemble tous les ingrédients. Répartissez-la ensuite dans 4 à 6 coupelles, selon le nombre de convives.

4. Les convives font ensuite cuire la viande, les udons et les légumes au fur et à mesure, dans le bouillon frémissant, presque bouillant. Il ne faut pas oublier de tremper légèrement chaque bouchée dans la sauce d'accompagnement.

CONSEIL
Très souvent, on déguste cette fondue avec de l'œuf battu cru, servi dans un bol, un peu à la manière japonaise (voir recette du sukyaki p. 76).

FACILE

Pour **4** à **6** personnes
40 min de préparation
10 min de cuisson
2 à **3** h de réfrigération
Coût €

HOTTEOK (CRÊPES AUX AMANDES)

Pour la pâte
250 g de farine • 2 œufs • 8 cl de lait • 20 g de sucre en poudre • 10 g de levure de boulanger • 25 g d'huile végétale • 1 pincée de sel

Pour le fourrage
60 g de sucre roux • 80 g d'amandes en poudre • 40 g d'huile végétale

Pour la cuisson
Huile végétale

1. Versez la farine dans un saladier. D'autre part, battez ensemble les œufs, le lait, le sucre, la levure, l'huile et le sel. Ajoutez cette préparation à la farine puis mélangez afin d'obtenir une pâte assez souple. Laissez-la reposer dans le réfrigérateur pendant 2 à 3 h.

2. Préparez le fourrage : dans un bol, assemblez le sucre roux, les amandes en poudre et l'huile.

3. Avec vos mains, roulez la pâte froide en un cylindre de 50 à 55 cm de long, découpez-le en 10 à 12 sections. Farinez le plan de travail,. Prenez une section de pâte, étalez-la un peu, déposez du fourrage, refermez la boule sur elle-même afin d'emprisonner le fourrage.

4. Étalez délicatement les boules de pâte afin d'obtenir des cercles ressemblant à des petits blinis de 8 à 9 cm de diamètre. Faites chauffer une poêle avec un peu d'huile, puis faites cuire les hotteok à feu très, très doux, pendant 8 à 10 min, en les retournant une ou deux fois. Dégustez chaud.

CONSEIL
Si vous n'emprisonnez pas hermétiquement le fourrage dans les boules de pâte, il s'en échappera au cours de la cuisson. Soyez donc vigilant.

- FAIT MAISON -

CAMBODGE

FACILE

Pour **4** personnes
25 min de préparation
30 min de cuisson
Coût €€€

AMOK DE POISSON

1 kg de filet de cabillaud, sans peau • 1 noix de gingembre frais • 3 tiges de citronnelle • 2 gousses d'ail • 50 cl de lait de coco • 1 cuil. à café rase de pâte de curry vert • 1 poignée de cacahuètes pelées • Quelques feuilles de basilic violet • Sel, poivre de Kampot

Matériel

Cuit-vapeur • Mortier et pilon • Film alimentaire

1. Coupez le poisson en morceaux, salez-le et poivrez-le. Épluchez le gingembre, la citronnelle et l'ail. Hachez assez finement ces aromates, puis essayez de les écraser encore plus finement dans un mortier.

2. Ajoutez le curry vert, les cacahuètes et la moitié du basilic haché. Il faut obtenir une pâte un peu grossière. Versez le lait de coco, petit à petit, en pilant le mélange.

3. Placez le poisson assaisonné dans un plat creux pouvant tenir dans le cuit-vapeur. Versez par-dessus le lait de coco aux aromates. Salez légèrement.

4. Recouvrez le plat de papier film et placez-le dans le cuit-vapeur. Faites cuire pendant 25 à 30 min environ. Sortez le plat du cuit-vapeur, ôtez le papier film, décorez de quelques feuilles de basilic hachées. Servez chaud.

CONSEIL

On sert souvent cette recette dans des feuilles de bananier, mais ce n'est pas impératif. Le basilic violet s'achète dans les épiceries asiatiques.

FACILE

Pour **4** personnes
25 min de préparation
5 min de cuisson
1 h de marinade
Coût €€€

BŒUF MARINÉ LOC LAC

500 g de bœuf (filet ou faux-filet) • 1 oignon blanc • 1 oignon rouge • 4 gousses d'ail • Quelques feuilles de salade • Quelques brins de coriandre • 2 citrons verts • 6 cl de bouillon de bœuf ou de poule (voir recettes p. 102 et p. 104) • 6 cl de sauce soja • 1 cuil. à café rase de Maïzena • Huile végétale • Poivre noir moulu

1. Coupez le bœuf en dés. Épluchez les 2 oignons, coupez-les en anneaux ; lavez la salade. Épluchez l'ail, coupez-le en fines tranches. Dans un bol, mélangez les dés de bœuf, l'ail, la moitié de la sauce soja et 4 pincées de poivre. Laissez mariner pendant au moins 1 h.

2. Étalez les feuilles de salade dans un plat, déposez les anneaux d'oignon par-dessus puis des brins de coriandre. Dans un bol, mélangez le reste de la sauce soja, la Maïzena, le bouillon et le jus d'un citron vert.

3. Faites chauffer une poêle à feu vif avec un trait d'huile végétale. Ajoutez la viande, faites-la sauter pendant 2 min environ, en mélangeant. Versez d'un coup le bol contenant le mélange de bouillon et de citron vert. Mélangez. Portez à ébullition et retirez du feu.

4. Déposez la viande et sa sauce sur la salade et les oignons. Décorez la recette de quelques brins de coriandre et de quartiers de citron vert.

CONSEIL

Cette recette connaît de très nombreuses variantes, avec plus ou moins de sauce, avec et sans citron, avec et sans piment… Dans tous les cas, le bœuf doit rester tendre et ne pas cuire trop longtemps.

FACILE

Pour **6** personnes
25 min de préparation
1 h de cuisson
Coût €

POULET AU CURRY KHMÈRE

1 poulet coupé en morceaux • 50 cl de lait de coco • 50 cl de bouillon de poule (voir recette p. 104) ou d'eau • 2 oignons blancs • 2 tiges de citronnelle • 1 noix de gingembre frais • 1 noix de galanga • 4 échalotes • 2 piments rouges • 1 botte de coriandre fraîche • 10 graines de coriandre • 10 grains de poivre de Kampot ou de poivre noir • 1 graine de cardamome • 1 cuil. à soupe rase de curcuma • 4 pincées de sel • Huile végétale

Matériel
Cocotte • Mortier et pilon

1. Coupez ou faites couper le poulet en morceaux. Faites chauffer une cocotte avec de l'huile. Faites dorer les morceaux de poulet pendant 15 min puis ajoutez les oignons coupés en anneaux. Laissez cuire 5 min de plus en remuant de temps à autre.

2. Pendant ce temps, épluchez la citronnelle, le gingembre, le galanga et les échalotes. Hachez-les. Épépinez les piments, hachez-les également. Dans un mortier, réduisez en poudre la coriandre, le poivre et la cardamome. Ajoutez les piments et les aromates épluchés et hachés précédemment. Ajoutez le curcuma et le sel. Continuez à piler, versez un peu de lait de coco pour faciliter la tâche et obtenir une pâte.

3. Ajoutez le reste du lait de coco et la pâte d'épices et aromates au poulet, mélangez. Portez à ébullition, couvrez et laissez mijoter pendant 40 bonnes minutes.

4. Retirez du feu. Dégraissez un peu la sauce s'il en est besoin et parsemez de la coriandre hachée. Servez très chaud, avec du riz blanc nature en accompagnement

CONSEIL
Avec ces 2 piments, cette recette est assez brûlante… Rendez-la plus douce en supprimant l'un des piments et en ajoutant 1 cuil. à soupe de sucre à la pâte d'épices.

FACILE

Pour **4** personnes
25 min de préparation
5 min de cuisson
30 min de repos
Coût €

SALADE DE VERMICELLES ET CREVETTES

1 paquet de vermicelles de riz • 200 g de queues de crevettes cuites • 1 carotte • 1 oignon rouge • 1 tige de citronnelle • 1 gousse d'ail • 1 petite poignée de champignons noirs, réhydratés et égouttés • 1 petite botte de coriandre • 1 petite poignée de germes de soja • 2 citrons verts • 5 cl de nuoc-mâm • 5 cl de sauce soja • Poivre

1. Faites tremper les vermicelles de riz dans de l'eau bouillante pendant 5 min, puis égouttez-les. Épluchez la carotte et râpez-la. Épluchez l'oignon rouge et coupez-le finement, arrosez-le de quelques gouttes de jus de citron vert. Épluchez la gousse d'ail, la citronnelle, hachez-les. Coupez grossièrement les champignons.

2. Dans un saladier, mélangez le jus des citrons verts, le nuoc-mâm, la sauce soja et un peu de poivre. Ajoutez la carotte, l'oignon, la citronnelle et l'ail. Mélangez bien.

3. Incorporez les crevettes légèrement coupées, les champignons, la coriandre grossièrement coupée, les germes de soja et les vermicelles égouttés et coupés.

4. Mélangez délicatement le tout. Goûtez : si la salade manque de saveur, ajoutez plus de nuoc-mâm, de sauce soja et de jus de citron vert. Idéalement, laissez-la reposer 30 min avant de la servir, bien fraîche.

CONSEIL
Les connaisseurs ajoutent 1 ou 2 piments rouges, épépinés et hachés à cette salade.

FACILE

Pour **4** à **6** personnes
25 min de préparation
1 h de repos
Coût €

SALADE DE PAPAYE VERTE

1 papaye verte • 4 belles échalotes • 1 carotte • 1 tomate • 2 piments rouges • 3 gousses d'ail • 2 citrons verts • Quelques graines de coriandre • Quelques grains de poivre • 1 cuil. à soupe de cacahuètes pelées • 5 cl de nuoc-mâm • 1 cuil. à soupe de sucre • 1 petite botte de coriandre fraîche • Huile végétale • 1 pincée de sel

Matériel
Râpe • Mortier et pilon

1. Épluchez les échalotes, coupez-les en rondelles assez fines. Faites chauffer une poêle avec de l'huile, à feu vif. Ajoutez les échalotes, laissez-les colorer puis videz-les, avec leur huile de cuisson, dans un bol. Mettez de côté.

2. Pelez la papaye et la carotte. Râpez-les dans un saladier. Dans un mortier, pilez finement la tomate, les piments, les gousses d'ail pelées, les cacahuètes, le jus des citrons verts, les graines de coriandre, le sucre, le poivre et le sel.

3. Ajoutez cette pâte à la papaye et aux carottes râpées. Ajoutez aussi le nuoc-mâm. Mélangez bien, goûtez, ajoutez un peu de sel, de nuoc-mâm ou de jus de citron si nécessaire. Laissez reposer pendant 1 h. Finissez la recette en déposant par-dessus les échalotes cuites, leur huile de cuisson et de la coriandre fraîche.

VARIANTES
Pour faire varier les saveurs, vous pouvez aussi ajouter d'autres fruits râpés dans cette recette : poires, nashis, pommes vertes, mangues, etc.

TRÈS FACILE

Pour **4** personnes
15 min de préparation
25 min de cuisson
Coût €

TAROS VAPEUR AU LAIT DE COCO

4 beaux taros • 20 cl de lait de coco • 4 cuil. à soupe de sucre roux • Quelques feuilles de menthe

Matériel
Cuit-vapeur

1. Avec un petit couteau bien affûté, pelez entièrement les 4 taros. Plongez-les dans de l'eau froide au fur et à mesure.

2. Placez les taros épluchés dans le cuit-vapeur et faites-les cuire pendant environ 25 min. Quand les taros sont presque cuits, versez le lait de coco dans une casserole et faites-le chauffer un peu.

3. Répartissez les taros dans 4 assiettes creuses. Écrasez-les très sommairement avec une fourchette.

4. Au dernier moment, versez le lait de coco sur les taros écrasés et chauds, saupoudrez de sucre roux et agrémentez le tout de quelques feuilles de menthe. Servez ainsi.

Le taro est une tubercule à la chair crème, dont le goût rappelle celui de la patate douce.

CONSEIL
Ce dessert plaît généralement beaucoup aux enfants, même assez jeunes. Vous pouvez l'agrémenter de quelques fruits rouges : framboises, fraises, groseilles.

FACILE

Pour **4** à **6** personnes
25 min de préparation
25 min de cuisson
Coût €

PORC HACHÉ SAUTÉ

500 g de porc frais haché (poitrine ou échine) • 1 piment rouge • 4 échalotes • 4 gousses d'ail • 1 blanc de poireau • 1 morceau de gingembre • 15 cl de bouillon poule ou de bœuf (voir recettes p. 104 et p. 102) • Quelques grains de poivre de Kampot concassés • Quelques graines de coriandre concassées • Le jus de 1 citron vert • 6 cuil. à soupe de nuoc-mâm • 6 cuil. à soupe de sauce soja • 1 cuil. à soupe de sucre • 1 cuil. à soupe de Maïzena • Quelques brins de ciboule et de coriandre • Huile végétale • Sel, poivre

Matériel
Wok ou faitout ou cocotte

1. Hachez le piment, les échalotes, l'ail, le poireau et le gingembre. Faites chauffer un peu d'huile dans le wok, à feu assez vif. Ajoutez la viande et faites-la sauter avec le poivre, la coriandre et un peu de sel, pendant quelques minutes, en remuant sans arrêt. Ajoutez tous les aromates et épices, le jus du citron vert, le nuoc-mâm, la sauce soja, le sucre et le bouillon. Laissez mijoter pendant 20 min environ. Salez et poivrez, si besoin est.

2. Délayez la Maïzena avec un peu d'eau. Versez le tout dans la sauce en mélangeant bien, afin de l'épaissir. Ajoutez, pour finir, les brins de ciboule et de coriandre hachés. Servez très chaud, dans des bols individuels, accompagné de riz blanc parfumé nature.

CONSEIL
Pour être savoureuse, cette recette ne doit pas être préparée avec une viande trop maigre, c'est pourquoi la poitrine et l'échine indiquées ici sont nécessaires.

VARIANTE
Réalisez une version végétarienne de cette recette en remplaçant la viande par autant de tofu coupé en dés.

FACILE

Pour **4** à **6** personnes
40 min de préparation
5 min de cuisson
7 à **10** jours de macération
Coût €

LÉGUMES MARINÉS

½ chou-fleur • 2 carottes • 1 gros piment vert • 1 morceau de daikon (radis blanc) • 4 gousses d'ail • 25 cl de vinaigre blanc • 20 grains de poivre • 10 graines de coriandre • 2 graines de cardamome • 75 g de sucre • 1 cuil. à soupe de gros sel

Matériel
Bocal

1. Détaillez le chou en petites fleurs, épluchez les carottes et le daikon, taillez-les en tranches ou en bâtonnets. Épépinez le piment et coupez-le en quatre. Plongez ces légumes dans de l'eau bouillante, laissez-les cuire pendant 2 min puis égouttez-les.

2. Dans une grande casserole, assemblez 1 litre d'eau, le vinaigre, le sucre, l'ail épluché, le poivre, la coriandre, la cardamome et le sel. Portez à ébullition. Ajoutez les légumes, portez à ébullition, puis retirez du feu.

3. Placez les légumes dans un bocal, recouvrez-les de jus très chaud. Laissez refroidir et macérer pendant 7 à 10 jours avant de consommer.

CONSEIL
Ces légumes se grignotent à toute heure et se servent également en accompagnement de recettes de viandes et de poissons, toujours dans des assiettes présentées à part.

FACILE

Pour **4** personnes
25 min de préparation
15 à **20** min de cuisson
Coût €€€

BROCHETTES DE CALMARS

4 calmars préparés par le poissonnier, prêts à cuire • 1 citron vert • 1 piment rouge • 1 gousse d'ail • 10 brins de coriandre • 10 cuil. à soupe de nuoc-mâm • 8 cuil. à soupe de sauce soja • 1 cuil. à soupe rase de sucre de palme ou de sucre roux • Huile végétale • Sel, poivre

Matériel
4 ou 8 brochettes • Gril

1. Embrochez chaque calmar avec 1 ou 2 brochettes. Huilez-les légèrement, salez et poivrez. Faites-les griller pendant 15 à 20 min en les retournant de temps en temps.

2. Dans un bol, mélangez le jus du citron vert, le nuoc-mâm, la sauce soja, le piment rouge haché, l'ail haché, la coriandre hachée et le sucre.

3. Retirez les calmars du feu quand ils sont cuits. Avec une cuillère à soupe, nappez-les généreusement de sauce au piment. Servez-les aussitôt, accompagnés d'une salade, d'une salade de vermicelles ou de riz blanc.

VARIANTES
Préparez aussi ces brochettes avec des crevettes ou du poisson comme de la lotte ou du dos de cabillaud, par exemple.

FACILE

Pour **4** à **6** personnes
25 min de préparation
35 min de cuisson
Coût €

CRABES MIJOTÉS AU POIVRE

1 kg de crabes bleus, décongelés • 2 beaux oignons blancs • 4 échalotes • 1 morceau de gingembre • 8 gousses d'ail • 1 petite poignée de basilic violet • 2 cuil. à soupe de pâte de curry vert • 2 cuil. à soupe de petites crevettes séchées • Quelques graines de coriandre • 1 cuil. à soupe de cumin moulu • 1 cuil. à café de curcuma • 6 cuil. à soupe d'huile d'arachide ou de tournesol + pour la cuisson • 70 cl de lait de coco • Quelques brins de ciboule • Coriandre fraîche • Poivre vert • Sel, poivre

Matériel
Mixeur • Faitout

1. Coupez le(s) crabe (s) en gros morceaux (les crabes vendus surgelés sont déjà coupés). Salez-les et poivrez-les. Épluchez les échalotes, le gingembre, les gousses d'ail et les oignons blancs. Hachez le tout, sauf les oignons. Écrasez les graines de coriandre.

2. Dans un mixeur, assemblez les échalotes, le gingembre, la moitié de l'ail, les graines de coriandre, les crevettes séchées, le basilic, le cumin, la pâte de curry, le curcuma et l'huile. Mixez finement pour obtenir une pâte puis mettez de côté.

3. Faites chauffer un faitout à feu assez vif avec de l'huile. Commencez par y mettre le reste d'ail finement coupé. Dès qu'il colore, ajoutez le crabe. Faites-le dorer de 1 à 2 min, puis ajoutez le lait de coco et le mélange au curry vert et aromates et 1 cuil. à soupe de grains de poivre vert préalablement rincés. Mélangez délicatement. Salez et poivrez un peu. Portez à ébullition, laissez mijoter très doucement pendant environ 30 min.

4. Pendant ce temps, coupez les oignons en anneaux, puis faites-les frire à la poêle avec de l'huile. Égouttez-les et épongez-les. Retirez le faitout du feu. Ajoutez au plat les oignons frits, quelques brins de coriandre et de ciboule hachés.

CONSEIL
Vous pourrez acheter le crabe bleu nécessaire à cette recette au rayon des surgelés, dans les épiceries asiatiques.

- MESURES ET ÉQUIVALENCES -

MESURER LES INGRÉDIENTS

INGRÉDIENTS	1 cuil. à café	1 cuil. à soupe	1 verre à moutarde
Beurre	7 g	20 g	-
Cacao en poudre	5 g	10 g	90 g
Crème épaisse	1,5 cl	4 cl	20 cl
Crème liquide	0,7 cl	2 cl	20 cl
Farine	3 g	10 g	100 g
Liquides divers (eau, huile, vinaigre, alcools)	0,7 cl	2 cl	20 cl
Maïzena®	3 g	10 g	100 g
Poudre d'amandes	6 g	15 g	75 g
Raisins secs	8 g	30 g	110 g
Riz	7 g	20 g	150 g
Sel	5 g	15 g	-
Semoule, couscous	5 g	15 g	150 g
Sucre en poudre	5 g	15 g	150 g
Sucre glace	3 g	10 g	110 g

MESURER LES LIQUIDES

1 verre à liqueur = 3 cl

1 tasse à café = 8 à 10 cl

1 verre à moutarde = 20 cl

1 mug = 25 cl

POUR INFO

1 œuf = 50 g

1 noisette de beurre = 5 g

1 noix de beurre = 15 à 20 g

RÉGLER SON FOUR

Température (°C)	Thermostat
30	1
60	2
90	3
120	4
150	5
180	6
210	7
240	8
270	9

- TABLE DES RECETTES -

- TABLE DES MATIÈRES -

Chae Rin Vincent remercie Nathalie et Christophe Hurtault pour les belles céramiques prêtées, www.lesguimards.com

Pour l'éditeur, le principe est d'utiliser des papiers composés de fibres naturelles, renouvelables, recyclables et fabriqués à partir de bois issus de forêts qui adoptent un système d'aménagement durable. En outre, l'éditeur attend de ses fournisseurs de papier qu'ils s'inscrivent dans une démarche de certification environnementale reconnue.

Direction : Catherine Saunier-Talec
Responsable éditoriale : Anne la Fay
Responsable de projet : Anne Vallet
Conception intérieure et couverture : Salah Kherbouche
Réalisation intérieure : Les Paoistes
Révision : Mireille Touret
Fabrication : Amélie Latsch
Responsable partenariats : Sophie Morier (smorier@hachette-livre.fr)

Dépôt légal : mars 2013
23-12-1025-01-8
ISBN : 978-2-01-231025-4
Impression : L.E.G.O. spa, Italie